藍學堂

學習・奇趣・輕鬆讀

一本書
讀懂資本主義

喬納森‧波特斯————著 李芳齡————譯

50個關鍵概念，理解現代社會的遊戲規則，和所有人口袋裡的錢

50 CAPITALISM
IDEAS

YOU REALLY NEED TO KNOW

JONATHAN PORTES

目次

| 推薦序 |

「資本主義」講清楚、說明白

吳惠林

提起「資本主義」（Capitalism）這個詞，真可以說人人琅琅上口，可是大家心目中的「資本主義」到底是什麼？大家指的是同一種東西嗎？

其實，在歷年來對於資本主義種種的辯證過程中，已有專家做了此項工作，而已故的自由經濟學前輩、也是曾對台灣民主具引導作用的《自由中國》半月刊主筆夏道平先生和全球知名華裔產權經濟學者張五常教授兩人最具代表性。

資本主義就是私產經濟、市場經濟

夏先生在1988年曾說：「正確地講，資本主義是一種經濟秩序。這種經濟秩序，是以私有財產為基礎；生產與分配則由市場運作，透過價格體系來決定；政府的經濟功能，只限於提供某些必要的法制架構，使市場能自由順暢地運作而不加干擾。所以我們也把資本主義叫做市場經濟。」他接著說：「市場經濟不是什麼偉大人物的精心設計，它是芸芸眾生個別行為的互動中慢慢自然形成的；高明的社會哲學家只是發現它，瞭解它的優越性、並進而發展出一套自由經濟的理論體系。」

　　張五常曾在1987年12月15日發表的〈可怕的資本主義〉反諷式文章裡，劈頭就說：「在主觀的、價值觀的經濟學上，我一向推舉的是私有產權——即在資產上有明確的個人權利界定的制度，但卻從來沒有擁護過那人云亦云的『資本主義』。……私有產權當然可說是資本主義的一種制度。但私有產權——有清楚界定的私人使用權利、轉讓權利，及收入的享受權利——是一個很清楚的概念。」這應非常明確地點出他心目中的真正資本主義就是私產制度。

　　由於「資本主義」一詞廣為人知，不可能被丟棄，我們也將其真義做了明確的定義和說明，而「私產制度」或「市場經濟」就是最好的代名詞。那麼，正如上文引述的夏道平先生之說法，市場經濟是一種經濟秩序，是以私產為基礎，生產與分配則由市場運作，透過價格體系來決定，政府的經濟功能，只是在於提供某些必要的法制架構，使市場能自由順暢地運作而不加以干擾。因此，市場經濟的主體是千千萬萬活生生、有靈魂、會思考的「個人」，而在人類有人與人之間互動開始以來，為了追求生活的最大滿足，致「治理這地、生養眾多、遍滿地面」的境界得以達成並維繫，發現市場經濟是最好的制度。當然，在市場經濟裡，充滿了人際間必須遵循的「準則」，我們姑且稱之為「市場規則」或「市場倫理」，而各個行為人也應該具備身為人的基本修養，如誠信倫理，至於政府這個組織，在市場經濟裡也扮演著極其重要角色，簡單地說是「維護芸芸眾生的生命財產安全」。但是，實際生活在「所謂的」市場經濟的人們所看到的社會現象，叫人厭惡或苦惱的，卻是愈來愈多。這該怎麼解釋呢？實情是，這不是市場經濟的結果，而是市場運作受到許多違反經濟法則的干擾使然，而這種干擾的源頭卻弔詭的總是原本該擔任去除阻礙市場運作障礙任務的政府。

了解「資本主義」的一本入門書

經由上文對資本主義的明確定義，並剖析所謂資本主義社會裡諸多不堪現象的疑惑之後，大家對於「資本主義」是否清楚明白了呢？如果還是一知半解或者充滿疑惑，那麼，波特斯教授的這本《一本書讀懂資本主義》或可為讀者解惑。

本書一開章就是「什麼是資本主義？」作者用「生產工具的私有權」這一句話來概括，可說一語中的，也就是上文所說的「私產制度」或「市場經濟」。作者意識到：資本主義的故事是經濟學、歷史、政治學、社會學、文化，以及現代社會的故事；也體認到：資本主義充滿矛盾，持續處於危機之中，總是顯得它即將終結，但也充滿活力與機動力，因而得以如此成功地演進。作者覺得，若不思考資本主義的運作及其奏效的原因，就不可能了解我們的社會如何運作。而了解資本主義的運作基石──貨幣、銀行、廠商，以及市場，是很有必要的，對於資本主義和其他重要的歷史與政治概念（如社會主義、帝國主義）之間的關係之認知，也是不可或缺的。

有鑑於此，波特斯教授乃選取50大核心概念，劃歸成「基本概念」，「資本主義的機構」、「金融與金融市場」、「政治經濟」、「社會與文化」，以及「資本主義的未來」等六部循序漸進，以淺顯易懂的文字寫成此書，每一概念都只五頁左右篇幅，言簡意賅。其間適當地插入重要傑出思想家的名言，以及列出歷史大事簡圖，可說是「麻雀雖小、五臟俱全」，也可看作一本「資本主義」的經濟小辭典。

想要了解當前社會「現代資本主義」真相的朋友們，盍興乎來?!

（本文作者為中華經濟研究院特約研究員）

01 什麼是資本主義？
What is capitalism?

何謂資本主義？這個名詞從何而來？該如何定義，才能闡釋這麼一個非常無定形、用以描述如此廣泛的國家與制度的概念？你對這個疑問的回答可能明顯揭露你本身的政治與經濟理念。

柏林圍牆倒塌後不久的1991年，《華爾街日報》（起初只是紐約市中心小區域的地方報，這小區域後來成為全球金融體系的中心，該報也演進成全球性大報）宣布：「現在，我們全都是資本主義者。」該報說，資本主義已經打贏兩場戰役，其一是理智與理論的論戰：除了資本主義，沒有別的重要、有條理的哲學理論能夠組織一個現代經濟；其二是政治論戰：這世界的近乎每個國家現在要不就是完全成熟的資本主義經濟體，要不就是其政府與社會或多或少程度地朝這方向邁進。

當被問到時，我們多數人都會說，資本主義定義了二十一世紀的全球經濟，或許也定義了二十一世紀的整個社會。不過，包括許多經濟學家在內，我們多數人也很難精確地說出資本主義究竟是什麼。

資本主義的定義

沒有任何一個特徵可以定義資本主義。資本主義是指生產方法與工具的所有權嗎？許多人主張這個定義，但看看中國的情形，過去二十年，這個國家堪稱最佳地例示了資本主義的活力與改變力量，但是，其大部分的

經濟仍然掌控於政府手中，就連在私部門，政府的掌控及干預仍然很普遍。

或許，可以把資本主義定義為由市場（而非政府控管）來平衡供需及分配資源的一種制度，尤其是在重要的產業及部門？可是，在有資格被稱為現代資本主義理論與實務誕生地的英國，醫療保健服務和小學與中等學校教育是免費的，在這些領域，任何種類的市場力量只扮演有限的角色。

或者，資本主義涉及限制政府對資源的直接控管——亦即限制政府在課稅與支出上的角色？若然，那麼，何以二十世紀幾乎所有已開發國家的政府支出占總產出的比例都大增呢？雖然，過去二十年間，這個比例持穩，但也沒有降低，似乎也沒有理由可以預期這個比例將在未來降低。再者，其他國家在發展推進時，它們政府的規模與範疇通常也增大。

或者，資本主義是一種讓企業能夠選擇生產什麼及如何生產、讓消費者能夠選擇消費什麼及如何消費而不受政府干預的環境？可是，在經常被視為資本主義經濟典範的美國，從舞蹈教練資格，到一州的某座葡萄園能否出貨葡萄酒給另一州的某個飲酒者，很多經濟活動是受到管制與規範的。就連最反對政府方案與課稅加稅的政治人物及施壓團體，似乎也明顯不關切對自由市場的這類限制。

1867	1929	1979	1989	2008—09
馬克思出版《資本論》（*Das Kapital*）第一卷。	大蕭條，資本主義的第一場大危機。	鄧小平推動中國轉型成為市場經濟。	柏林圍牆倒塌，開啟了共產主義的瓦解，資本主義明顯獲勝。	全球金融危機。

不過，儘管有這些種種的矛盾，儘管世界各地經濟體的運作方式仍然存在很大差異，所有這些國家仍然可以被允當地稱為「資本主義國家」，近乎所有其餘國家也是（或許只有北韓和幾個選擇自絕於全球經濟的國家除外）。

你是個資本主義者嗎？

你擁有股票嗎？就算你未直接擁有任何股票（約半數美國人直接擁有股票，但在其他國家，這個比例遠遠較低），你可能參加一個至少部分投資於股市的退休基金，或是在銀行裡有存款，因此，你擁有一些金融財富，亦即你擁有一些資本。同時，你可能也是個工作者，或是直接或間接地仰賴一個工作者的薪資 —— 我們多數人都是。同時，你一定是個消費者。所以，除非你生活於一個完全自治、自給自足的社區（統計上來看，這很不可能），否則，你是個資本主義體系裡的全面參與者。這可說是馬克思的思想與理論出錯之處，他會把我們完全歸類於這其中的一個角色，但事實上，我們以多種方式和資本主義交互作用，這些交互作用絕非全都是經濟性質。我們絕大多數人（絕對包括我在內）都和資本主義有這種矛盾關係，通常，我們既不喜愛它，也不討厭它，但我們絕對是過著資本主義的生活。

「資本主義這個名詞非常不明確，因為有廣泛不同類型的市場經濟。基本上，我們一直在辯論的……是一個社會應該有多少的比例留給一個不受管制的市場體系……大體而言，這辯論不是介於資本主義和非資本主義之間，而是經濟的哪些部分不適合交由營利動機來決定。」

——作家暨社運人士娜歐蜜・克萊恩（Naomi Klein）

資本主義與私有權

那麼，資本主義究竟是什麼？該如何定義，才能闡釋這麼一個非常無定形、被用來描述如此廣泛的國家與制度的概念？資本主義本身是一個相當奇怪的名稱，十九世紀時的經濟學家卡爾·馬克思堪稱是與這個概念最密切相關的人，他更喜歡談論「資本主義的生產模式」（capitalistic mode of production）。在馬克思看來，這種模式的特徵是：生產工具的私有權（private ownership），勞工階級供應支薪的勞動力，生產活動創造的「剩餘價值」（surplus value）歸屬於業主。我們將在後文中看到他的更多思想。

雖然，私有權是重點，但這個定義本身並不適當。本書不想成為一本字典，但若不嘗試對本書中談到的種種制度提出可行的定義，那就不盡責了。在我看來，資本主義體現一種制度，在此制度下，大部分、甚或全部的生產工具的私有權是經濟體系（以及更廣大的社會）運作方式的核心，這些私人業主可以集體或個別地決定要因應他們面對的經濟誘因（有時是社會性誘因）而生產什麼。是以，生產什麼及消費什麼的結構，很大程度上不是政府決定的，而是股東、企業管理階層以及個人（業主及消費者）個別或集體做出的決定。前面提到的所有國家，甚至中國，現在都是如此。

「資本主義相信，最缺德的人會為了眾人的最大福祉而做最棒的事。」

——約翰·凱因斯*

---

*譯註：迄今無人確知這句話的出處，很多學者駁斥這句話出自凱因斯。

　　這無疑聽起來有點冗長囉唆，卻是一個很有力的概念。不論好壞，過去幾個世紀已經證明，供給與需求之間相互作用（亦即生產與消費相互作用）是形塑我們的社會發展的一股極大力量，政府及其他力量可能介入（往往是強力介入），左右與限制我們的選擇、誘因與決策，但說到底，最重要、且定義資本主義的，仍然是供需面的私人決策。

一句話說什麼是資本主義

生產工具的私有權。

02 財產與財產權
Property and property rights

財產／所有物——「屬於」某個人的無生命物及土地，這概念在我們的文化和語言中太根深柢固了，以至於我們多數人以為它必定是人性本身的一部分。但這是一個引發熱議的觀點，事實上，我們對於財產的思想是相當近代的發明。

羅馬法確實承認財產（當然，你得是個自由的男性，才能擁有財產），但在君主專制年代，財產被視為先由神賜、後由君主賜予的東西，神讓人類治理大自然界，並指派統治者治理我們，所以，我們被容許「享有」我們的財產。

財產與竊盜

十八世紀法國哲學家薩德侯爵（Marquis de Sade）在其著作中指出，很難看出任何人有任何與生俱來的權利可以主張土地所有權。後來，十九世紀法國哲學家普魯東（Pierre-Joseph Proudhon）在其著作《什麼是財產？》

「政府的目的是保護財產，別無其他目的。」

——約翰・洛克

（*What is Property?*）中說了一句有點令人費解的名言：「財產就是竊盜」。幾乎在世界各地，我們擁有土地是因為我們購買它，或是從某人那裡繼承它，而此人早年也是購買或繼承這塊土地。但是，若一直往前推，推至往昔的某個時點，就會發現，是某人竊取或以蠻力取得了這片土地。舉例而言，在英國，許多土地所有權可以回溯至1066年的入侵，被稱為「征服者威廉」（William the Conqueror）的威廉一世把土地賜給其諾曼男爵，或是回溯至後面幾世紀裡的君主賜予土地，以獎勵或賄賂他們的支持者。

> 「追溯財產權至其源頭，就能找到一個確實無誤的侵奪。然而，竊盜之所以受到懲罰，是因為它侵犯財產權，可是，這財產權本身就是源於竊盜啊。」
>
> ——薩德侯爵，《茱麗葉》（*L'Histoire de Juliette*）

在財產的宗教觀式微的同時，出現了各種解釋財產所有權及對其合理化的思想與論述，十七世紀英國哲學家約翰‧洛克（John Locke）主張，價值、乃至於財產權衍生自勞動力的投入，因此，勞工對他們生產出來的財

1689	1840	1863	1948
英國哲學家約翰‧洛克（John Locke）出版《政府二論》（*Two Treatises on Government*）。	法國哲學家普魯東出版《什麼是財產？》。	美國憲法第十三條修正案廢除奴隸制。	《世界人權宣言》承認擁有資產的權利，且應受保護，不得被任意沒收。

財產概念的演進

有關於誰能及不能擁有財產，以及什麼東西可以構成財產，其概念歷經了很長的演進。在羅馬法之下，以及一直到十九世紀之前，女性（尤其是已婚女性）幾乎沒有財產權，在此同時，對人類的財產權 —— 奴隸，或者較有限度的農奴 —— 被廣為承認。我們現在認為這兩個概念是不可思議的，也絕非運作一個資本主義經濟的必要條件，但在那個年代，並非如此。

> 「一個奴隸的主人的權利，對這奴隸的權利，以及對這奴隸的後代的權利，相同於任何財產的所有權人的權利，且同等神聖，不可侵犯。」
>
> —— 肯塔基州憲法，1850 年

同理，沒有理由相信我們未來的財產觀點會保持不變。現在的我們認為擁有我們的寵物及農場動物是很自然且正常之事，但牠們顯然是活生生的、有知覺的生物，儘管未必有智慧。一百年後，我們仍然會認為這是一個適當的財產概念嗎？

貨或他們改善的土地擁有權利。

　　亞當・斯密的思想更具啟示與助益：人有生命與自由權，財產權是政府創造與維護的，財產權具有根本重要性，因為它們幫助倡導與促進貿易和交易。在資本主義的理論家（不論是持積極或消極觀點者）看來，財產權是必不可缺的要素：擁有物質資本及土地，因而可以獲取使用此資本生

產出來的東西的價值的權利，這是基本至要的權利。此外，若不能轉移及交易財產，進入契約關係，就不會有市場，也就不會有市場經濟。

財產與政府

這意味的是，在資本主義社會，政府最重要的角色是定義與保護財產權，為此，政府至少必須提供一套法律制度，執行法庭判決，並壟斷保護財產的實體力量。縱使是最強烈主張有限政府及完全不受束縛的資本主義的人士，也傾向相信需要某種形式的政府治理來實現這些目的。

但這又引發了視財產權為一種絕對權利的概念的疑問：若要政府為人們的財產提供保護，政府就需要收入來源，以及有能力強制人民提供這收入，這意味的是課稅，但是，課稅不就形同政府有權強制人們交出他們的部分財產嗎？所以，用以定義及保護財產權的機制本質上就對這些財產權加諸某些限制，因此，根本就沒有絕對財產權，在實際存在過的人類社會中，從未有絕對財產權。

此外，洛克的觀點——財產的價值（尤其是生產性資本的價值）只來自其持有人投入的努力，這種觀點在現代經濟中不是很有道理。現在的政府不僅僅是消極地創造財產與財產權（亦即提供法律架構，保護財產所有權人免於遭到竊盜與搶奪），也積極地創造財產與財產權——提供能讓資本得以發揮生產力的更廣泛環境，包括運輸網絡、教育制度、環境保護等等，這架構需要資金才得以建立與執行，這架構也需要受到監管。美國參議員伊莉莎白·華倫（Elizabeth Warren）如是說：

「在這個國家，沒有人是靠著自己獨力致富的，沒有人。你建一座工廠，很好啊，但我要提醒你，你把你的貨品運送到市場上時，走的那些道路是我們這些人付錢鋪設的，你雇用的勞工是我們付錢教育出來的，你在你的工廠裡很安全，那是因為有我們付錢雇用的警察和消防隊員，你不必擔心歹徒闖進來，搶走你工廠的所有東西。你建了一座工廠，它生產出很棒的東西或創意，恭喜你，你可以留下這價值中的一大部分，但是，基本社會契約中有一部分是，你可以留下一大部分的價值，但你必須傳給子孫。」

財產權

若擁有某個東西意味的是有權對它做你想做的任何事，那麼，財產權就鮮少是不受限制的了。我可以自由地購買我想要的任何車子，只要它符合歐盟的污染標準，並且有核准的政府保險就行了。我可以開著它去我想去的任何地方，至少，開上公路是沒問題的，但我必須有駕照，必須遵守速限。當我不想再留下這輛車時，我也不能任意丟棄，必須遵照法律規定的廢棄處理方法。它是我的，不是你的，也不是政府的，政府會保護我對它的所有權，但我能使用它的方式受到相當嚴格的限制，這些限制通常（但非全都是）有個好理由。

定義與限制財產權的法規是一個複雜的現代經濟體與社會的一大特

　　這是否聽起來好得令人難以置信？只要自由最大化，我們就能獲得福祉最大化？自由市場是很強而有力的概念，但實際上並不存在這樣的東西；或者說，把自由市場定義為沒有政府干預的市場，那這市場可運行不了多久。

不受監管的市場？這種東西不存在

　　我們大概會說，像本書這樣的書籍的市場，在多數國家是相當自由的市場。書籍是作者（例如我）撰寫的，由出版公司（例如本書的出版商Quercus）發行，我們談判撰寫這本書的價格，若我要求的價格太高，他們就找別人撰寫；若他們給的價格太低，我就找別家出版公司。此書出版後，身為讀者的你決定要不要花錢購買此書、或購買另一本書、或購買別的東西。政府不會告訴Quercus必須付多少錢給我，或它應該向你索取什麼價格。

　　但是，實際情形遠非如此簡單。首先，我能撰寫什麼內容，政府是有施加限制的（雖然，這些限制大都跟色情與暴力有關，但若你想看的就是

1776	1807	1941	1959	1989
亞當・斯密出版《國富論》（The Wealth of Nations）。	大英帝國廢止奴隸交易；但直到1834年，現有奴隸才獲得自由。	小羅斯福總統（Franklin D. Roosevelt）發表四大自由宣言：言論自由，信仰自由，免於匱乏的自由，免於恐懼的自由。	《羅馬條約》（Treaty of Rome）建立歐洲共同體，意圖實現貨品、資本、勞動力及服務的自由流通。	柏林圍牆倒塌，使經濟與真正自由延伸至東歐。

標準的演變

自由因時因地而異，我們認為可接受或必要的政府干預程度隨著時地而改變。在維多利亞時代的英國，「童工」這個主題引起熱議——該不該允許孩子在工廠工作或掃煙囪，能允許他們工作多長時數。

> 「十九世紀，很多人反對立法禁止使用童工，因為這麼做是違背自由市場經濟的根本理念：『這些孩童想工作，這些人想雇用他們……跟你有啥關係？又不是有人綁架他們……』」
>
> ——布萊恩‧伊諾（Brian Eno）

我們現在認為「站在歷史的正確這一邊」的許多人——例如大力倡議自由貿易政策的前英國貿易委員會主席約翰‧布萊特（John Bright），當時反對立法限制童工，理由是這種立法干預了市場的運作。

這些東西，你大概會失望）。但更重要的是，市場的整個運作高度仰賴政府。Quercus 和我簽約，這合約明訂該公司承諾為了什麼東西而向我支付多少錢，若雙方發生糾紛，訴諸法律解決，在法院上，這合約將由那些任職政府機構的人解讀、判決與執法。雖然，你購買此書時沒有和 Quercus（或書店）簽約，你和書店之間仍然有一個隱形的、受法律約束的契約（若你回家後發現，這頁以後全是空白頁，你有權要求書店退錢）。

當然，若沒有種種法律（例如禁止在商店行竊和非法下載的法律），書店也無法存在。若沒有版權法及版權司法，整個出版業也無法存在。

　　這並非意指書籍市場不是一個自由市場，它是自由市場，供需的確決定撰寫與出版什麼書籍，在市場上賣多少錢。但是，一些哲學家或較天真的自由派經濟學家提出的概念——自由市場就像自然事態，減少或甚至沒有政府的干預就能夠生存下去，這種概念不合邏輯。沒有政府干預，自由市場無法存在，問題在於什麼種類的政府干預。

必要的干預

　　一個更細膩、且仍然保有「免於政府直接干預」這種精髓的定義會這麼說：政府的角色只是提供一個中立的法律架構，使契約得以執行，並讓生產者和消費者的「自由」最大化。但是，就連這個定義也立刻碰上哲學問題，因為不存在「中立法律架構」這種東西。舉例而言，在評估適當的消費者保護程度時（例如，是否所有契約都應該是可強制執行的），總會出現許多困難的法律問題，有時還會出現困難的政治問題，沒有一個簡單的答案。不論我們喜歡與否，一些政府干預是無可避免的。

　　事實上，有時候，為了使特定市場「自由」——亦即讓價格由供需決定，政府干預是必要的。若不加以干預，一些、甚或多數市場可能有朝向獨占／壟斷（monopoly）的自然傾向（參見第7章），這是經濟學家熱烈辯論的一個主題，但大多數人認為壟斷情形是有可能發生的，不論是自然地發生，抑或是某公司成功地建立起宰制地位。由於壟斷將使某公司根據自身獲利最大化原則來訂定價格，這對自由市場是有害的，因此，多數已開發國家有某種法律機制來控管或防止特定產業發生壟斷。換言之，我們建立法律與官方機制來干預市場，目的就是為了使市場更自由。

這是否意味著不存在自由市場這種東西呢？不是的。我們不該根據是否存在政府干預來定義自由市場，應該看干預與監管的種類——建立怎樣的整體法律架構，以及怎樣的生產與消費方式是可被一個特定的社會接受的。自由不是無政府。

一句話說自由市場

市場無法在真空狀態下運作。

04 資本
Capital

資本其實有兩種不同的含義，它指的是物質資產（material assets）與金融資產（financial assets），這兩者雖密切相關與互補，但不相同，兩者都是資本主義的要素，事實上，可以說，這兩個資本概念的結合，才能產生資本主義。

以物理（physical）面向看來，資本（此處指物質資產）指的是生產性資產——其效用或價值不是因為它可以直接消費，而是因為它可被用於生產某種有價值而可以被銷售與消費的東西，在用它來生產時，通常得結合人力要素的投入。現實裡，物質資產可能是一座工廠，或一條鐵道，或一台電腦，近年來，資本的定義甚至已經延伸涵蓋無形或非物質資產如專利或軟體。金融資產指的不僅僅是金錢，還包括能夠產生報酬的任何形式的財富，如銀行帳戶、股東權益、避險基金等等。

資本累積

把物質資產和金融資產這兩個概念結合起來的是「資本累積」（capital accumulation）這個概念，以及一種資產可以增進另一種資產的方式。假設我擁有一間商店，我購買商品，轉售它們來賺錢，把賺到的錢用於我自己的消費，那麼，這間商店是一個物質性質的資本資產，我用它來生產某個東西；換言之，它產生報酬。但這其中不涉及動力或生長，我沒有存錢，我的事業沒有生產任何東西，我擁有某種資本，你可以說我是自雇者，甚

自然資本

我們視為資本的金融資產與物質資產，它們有所有權人及市場價值，這些呈現於公司的資產負債表上，也呈現於我們用以衡量經濟規模的國民會計帳（national accounts）上。反觀森林、河流、空氣之類的環境資產，通常沒有所有權人與市場價值，因為他們通常屬於政府或公眾，因此，常有人說，我們沒有適當地重視與評量它們的價值，一些表面上看起來創造了財富的經濟活動，可能實際上導致環境惡化，反而減損了我們的福祉。因此，出現了「自然資本」（natural capital）的概念，用以涵蓋這些東西。在英國，政府設立了一個自然資本委員會（Natural Capital Committee），其職責是提出有關如何評估環境的價值以及確保有效率且永續地管理它的建議。長期而言，目的是把自然資產併入主流的經濟帳裡，例如，評估喜馬拉雅山景觀的價值是件難事，但在一個資本主義經濟體中，沒有價格的東西往往不受重視，為了後代而保護這些自然資產，或許最好還是設法評估其價值。

至說我是個企業家，但我還稱不上是個資本家。

但假若我想擴展我的事業，我把我的第一間店賺到的錢的一部分存起來，或許，我還向銀行借了一些錢，然後，我購買一間店鋪，雇用他人在這店裡工作。我的營利因此增加，當然，我現在獲得的資本報酬中有一部分得用來支付銀行貸款利息。

現下，我百分之百擁有這個事業，但為了進一步擴展，我需要更多的

金融資本去購買更多的**物質**資本，因此，我出售這個連鎖店事業的部分股份，把獲得的錢用來再投資。因此，這事業現在不是我百分之百擁有了，那些購買了股份的人也是這個事業的業主（所有權人），這事業產生的獲利，有部分歸屬他們，以作為他們提供的金融資本的報酬。這個事業的擴張過程創造了物質資本和金融資本。

儲蓄與投資

檢視物質資本和金融資本交互作用的另一種方式是思考儲蓄與投資。起初，我把賺到的錢全用於消費，沒有存錢，所以，我無法投資。為取得金融資本以融資我的投資，途徑之一是把我的營利的一部分存起來，但除此之外，我也開始用他人的儲蓄來融資我的投資，起先是透過銀行貸款，後來是出售我的事業的股份給他人，以換取更多的金融資本。儲蓄代表金融資本、融資以及投資於物質資本，在一個資本主義經濟體中，沒有其一，就沒有其他。

資本與財富是相同的東西嗎？可以說是，也可以說不是。多數人透過儲蓄來建立自己的財富（這些儲蓄可能是來自我們本身的努力賺得的，或

1776	1867	1960 年代	2012	2014
亞當‧斯密出版《國富論》。	卡爾‧馬克思出版《資本論》第一卷。	英國劍橋和麻州劍橋的經濟學家熱烈辯論資本的性質。	聯合國提出「自然資本」宣言。	法國經濟學家湯瑪斯‧皮凱提（Thomas Piketty）出版《二十一世紀資本論》（Capital in the 21st Century），翻修馬克思的《資本論》。

者是幸運地繼承了父母的錢），這筆財富被拿來投資，那些投資為我們取得了我們的資本所有權，這資本可能是物質資本（例如房子），或是金融資本如銀行存款或股票（直接擁有股票，或是透過我們的退休基金而間接擁有）。

但不是所有財富都具有直接的生產力，房屋就是一個特別的例子，若你擁有你的房子，並居住其中，你可能不認為它生產任何東西。但若你擁有一棟房屋，**別人**居住其中，付你房租，那這棟房屋就是在生產了，只是你看不到罷了，實際上，你是向承租者出售「住宅服務」。但它仍然是相同的那棟房屋，因此，經濟學家通常視那些居住於自宅的人為擁有資本，自己消費這棟房屋提供的「住宅服務」，儘管，這沒有涉及到任何的金錢交易。在一些國家，這項資本的比重可能相當大，在英國，房地產財富約占總財富的三分之一，「設算租金」（imputed rent，屋主自住的「住宅服務」的估計價值）可能占整體經濟的10％！

如何估算資本的價值？

重點是，根據定義，資本是用以生產人們想要消費的東西的**投入要素**，資本本身不是一種產出。從經濟觀點而言，一件物質資本的價值應該代表使用此資本所創造的未來獲利的價值，但當然啦，這不是簡單明瞭而容易計算的東西，實務上，金融資產的價值的計算更容易得多，尤其是在市場上交易的那些金融資產。

伴隨製造業在整體經濟中的重要性降低，整體而言，重機械之類的物質資本的重要性也降低，但這不意味資本不再重要。「無形」投資如軟體、研發、品牌與行銷等等，可能較難看出或衡量，但它們也花錢，並產

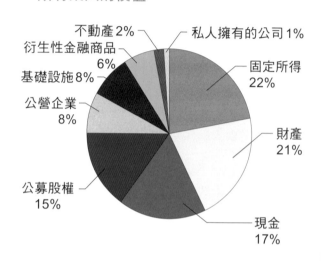

所有東西的價值

世上所有東西都有其價值，這是什麼意思呢？一項近期研究（姑且稱之為「所有東西的價值」）勇敢地嘗試計算這世上所有資本資產的價值，包括股票與債券、財產、基礎設施、土地與森林，以及研究人員能夠給予一個粗略數字的所有其他資本資產。他們估算出總值為450兆美元，相當於世界人均約60,000美元。

不動產2%
衍生性金融商品6%
基礎設施8%
公營企業8%
公募股權15%
私人擁有的公司1%
固定所得22%
財產21%
現金17%

生報酬（若它們創造獲利的話）。在英國，現今的企業在無形資本上的投資大於它們在物質資本上的投資。資本的形式可能改變，但其重要性其實更甚於以往。

一句話說資本

物質資產與金融資產。

05 勞動力與剩餘價值
Labour and surplus value

把我們的經濟制度稱為「資本主義」，相當具有誤導性。事實上，它的定義性特徵與其說是資本的存在或資本的重要性，不如說是資本與勞動力之間的關係，更確切地說，這兩者如何結合，以及誰獲得利益。

在工業時代之前以農業為主的農村社會，多數人要不是自家土地或他人土地上的農業勞動者，就是自雇者，主要的生產要素是勞動力及土地，生產活動創造的價值大都歸屬生產它的人，或是被君主、貴族、教會，或這三者結合起來控制的政府取走（或多或少程度地強制攫取）。這種制度被稱為封建制度。

但是，貿易的成長，以及尤其是工業化與大量生產模式興起，帶來了改變，現在，生產東西通常需要資本與勞動力。舉例而言，本書並非只是我個人勞動力的成果，也是出版公司的許多員工勞動力的成果，也需要電腦來打字與處理，紙本書還需要付印。因此，跟多數產品一樣，它結合了資本和勞動投入要素。

不過，在資本主義經濟的基本組織原理之下，這關係是不對稱的。廠商提供與擁有資本，銷售產品，取得營收，工作者只領取工資，支付完員工工資及其他成本後，剩餘的全留給廠商及其業主。

剩餘價值

　　卡爾‧馬克思對資本主義制度有兩方面的基本洞察，第一，他領悟到，在一個資本主義社會中，企業業主將藉由盡可能降低其員工工資，以追求他們本身的獲利最大化，他稱這獲利為「剩餘價值」。第二，他認為，就是這剩餘價值未支付給員工，才能被用來再投資於企業（或其他企業），從而有更多的投資與成長。馬克思認為，資本主義將釋出兩股無法抵擋的力量：其一，勞工的貧窮化──勞工獲得僅夠維生及維持健康而能繼續工作的酬勞；其二，廠商之間的激烈競爭，以創造更多剩餘價值，拿來再投資，生產新且不同的產品，促成持續成長的經濟。但是，這成長帶來的利益將有愈來愈多的份額歸屬於資本業主，犧牲的是勞工。馬克思的假說是：為了確保勞工不使用他們的談判力量來提高工資，資本家將透過創造「失業者後備部隊」（reserve army of the unemployed）來持續壓低工資。

1817	1833	1850	1999	2016
大衛‧李嘉圖（David Ricardo）出版《政治經濟與賦稅原理》（On the Principles of Political Economy and Taxation），闡述他的勞動價值論（馬克思的前輩）。	英國制定《工廠法》（Factory Act），管制童工，設立工廠檢查員。	英國的平均工資約為每年40英鎊，相當於現今的每年約3,000英鎊。	英國訂定全國最低工資。	英國的平均薪資（中位數）約每年27,000英鎊。

工資

　　相反地，認為價格由競爭市場決定的主流經濟學提出了相當不同於馬克思的預測，認為經濟體系中也存在一個勞動市場：工作者會選擇從一廠商轉職另一廠商，以獲得較高工資。因此，在一個競爭的經濟體中，廠商無法只支付僅能維生的工資而僥倖成功，生產活動創造的價值將會根據資本邊際產量（marginal product of capital）和「勞動邊際產量」（marginal product of labor）來分配。再者，由於勞動邊際產量的增加取決於投入的資本量（例如，在使用更好的機器之下，一名工廠勞工能生產出更多的東西；比起使用打字機，我使用電腦產生文字的速度更快），因此，工資應該會隨著資本存量的增加而提高，勞工的生產力也會提高。事實上，凱因斯推測，當資本的累積速度快於勞動力的成長速度時，不斷增加的資本存量的報酬率將下滑，勞工能攫取的價值份額將增加，資本業主攫取的價值份額將減少，他稱此效應為「食租者的安樂死」（euthanasia of the rentier）。

　　那麼，誰說得對呢？馬克思的理論是，資本主義必將導致勞工只獲得足以維生或接近維生水準的工資，勞動市場不會自然地隨著經濟發展而推升工資，不過，這理論已經被事實給全面駁倒。當然啦，很多人會說，勞工的福祉有如此大的改進，有很大部分是因為政治與社會發展，而政治與

「勞動力是第一種代價／價格，是最原始的購買——勞動力是用以支付所有東西的貨幣。這世上的所有財富，起初都是用勞動力去換取的，不是用金或銀去換取的。」

——亞當・斯密

勞動所得份額

二戰後，工業化經濟體的最明顯特徵之一是勞動所得份額（labor income share，或勞動份額，labor share）持穩於大約三分之二，亦即經濟體創造的總價值中約有三分之二歸屬勞工，三分之一歸屬資本（因而歸屬於資本的業主）。這並不是凱因斯所說的「食租者的安樂死」，但全體勞工的確囊括了二戰後經濟成長價值該歸屬他們的份額。這並非指許多國家的不平等問題在過去數十年間未惡化（在持穩的勞動所得份額中，一些勞工的所得增加明顯多於其他勞工！），但實際的發展與馬克思的假說不符。不過，更近年間，在許多國家，勞動所得份額縮減，因此，一個重要的疑問是：這只是暫時現象呢？抑或預示一個更長期的趨勢？

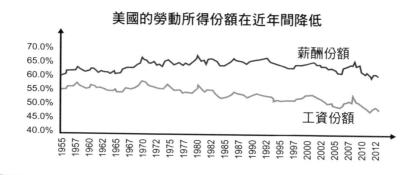

美國的勞動所得份額在近年間降低

社會發展得大大歸功於馬克思，許多資本主義社會自我修正，包括工會的出現、社會安全網，以及政府角色的大擴張，以應付馬克思的思想所構成的挑戰。但值得一提的是，縱使在這類機制遠較薄弱、且更可能存在勞工「後備部隊」的社會，勞動市場仍然推升了工資。舉例而言，近年間，在中

國的城市地區，由於勞工要求獲得其勞力所創造的價值中的更大份額，再加上廠商競相爭取他們的勞務，因此勞工工資在近年猛漲。

資方優勢

　　但是，凡是過去，皆為序章。許多經濟學家——甚至是那些跟我一樣在新古典經濟學派典範、而非在馬克思理論典範中長大的經濟學家，對於工作者（尤其是已開發國家的工作者）在未來數十年是否仍然能享有這樣的好光景，愈來愈沒信心了。伴隨工會的影響力減弱，以及全球化的擴大，已開發國家的工作者面臨來自其他地區較低工資的勞動力的競爭，這是馬克思所說的「後備部隊」的另一種形式。

　　展望未來，情勢看起來更糟。科技進步與自動化，可能意味對現今的中低技能水準工作者的需求將明顯減少。換個方式來說，受雇勞工的邊際產量可能降低，而資本（現在意指某種形式的軟體）的邊際產量提高，未來成長帶來的收益將有愈來愈多份額歸屬於資本的業主，勞工獲得的份額將愈來愈少。所以，笑到最後的，說不定是馬克思。

一句話說勞動力與剩餘價值

資本與勞動力之間的對抗。

06 貨幣
Money

多數人可能認為，貨幣是經濟學中必不可少的東西，因此也是資本主義中不可或缺的東西。其實不然，古典經濟學的多數重要概念（供給與需求、自由貿易、相對優勢等等），在一個不使用貨幣、純粹以物易物的經濟中仍然非常有道理。所以，貨幣的真實功能是什麼呢？

在我們用以解釋資本主義概念的基本模型中，貨幣並不重要，重要的是各種貨物的相對供給與需求，乃至於它們的相對價格。但是，真實世界裡的所有經濟體（甚至是那些大致上或完全由政府控制的經濟體）都有某種貨幣。貨幣之所以有必要，是因為它有三種相關、但概念不同的用途：

● **作為一種交易的工具。** 以物易物經濟或許理論上可行，但是，供給與需求可能意味這本書「值得」用三條麵包或一件新襯衫的四分之一來交換，實務上，我無法帶著幾冊這本書去超市，期望用它們來換取我的晚餐。任何一個稍稍有點發展的經濟體，都涉及許多不同參與者的間接交易，工作者從超市取得食物，超市從農夫那裡取得這些食物，農夫從工廠取得肥料，工廠由工作者作業──這只是一個過度簡化的例子，但可用以說明這種貨物與勞務的循環。貨幣解決這個問題，使這複雜的交易系列得以在現實世界裡運行。

● **作為一種帳務單位。** 為衡量某個東西的價值，我們需要某種形式的公分母，這讓我們不僅能夠在每個時點直接交易東西，還可以擬定

契約，包括延伸一段期間、可能包含協議借款和貸款的契約。由於我們進行的許多最重要的經濟交易（例如我們的雇用／受雇、房貸等等的條款）並非一次性交易，需要有個工具來記錄一段期間的支付額與欠債額等等項目，企業對此需求更甚。

- **作為一種價值儲存**。貨幣可以儲存，這樣，人們就不需立即用它來購買東西，反之，他們可以隨著時間使購買與消費更順利。當然，為了成為這種實用的儲存工具，貨幣必須隨著時間保持它相對於實物及勞務的價值，若通膨率（價格上漲率）高或無法預測，可能會侵蝕貨幣在這方面的用處。

貨幣與黃金

起初，貴金屬（尤其是金、銀）似乎很適合貨幣的前述三種用途。它們的供給量相當固定，似乎能夠橫跨時地而保值，因此適合作為一種交易工具。但歷經時日，基於安全性與便利性等理由，出現了票據（代表存放

西元前 7 世紀	西元 7 世紀	1695	1944	1971
出現最早的硬幣，鑄造於利底亞（Lydia，現今的土耳其）。	史載最早使用紙幣，在中國。	英格蘭銀行（Bank of England）發行永久性紙幣，這是第一家發行永久性紙幣的中央銀行。	布列敦森林會議（Bretton Woods Conference）的各國與會代表協定實行固定匯率制，以治理戰後的貨幣與匯率管理。	美國終結美元與黃金掛鉤，導致布列敦森林制度瓦解。

貨幣的演進

關於貨幣的起源及功能的經典學術文獻之一是經濟學家理查‧拉福德（Richard A. Radford）撰寫的〈戰俘營的經濟組織〉（The Economic Organization of a POW Camp），他在二戰期間被囚於納粹的史塔拉格七號戰俘營（Stalag VII），獲釋後不久撰寫了此文，敘述戰俘營裡的貨幣制度的發展。戰俘們獲得的標準配給物品中有香菸，多數（但非全部）戰俘有菸癮，因此，雖然，香菸一開始是所有戰俘都獲得配給的標準個人消費商品，但很快就變成一種貨幣，被吸菸者和不吸菸者拿來作為交易用途，其他貨品如巧克力或肥皂等等的價格都以香菸來「報價」。雖然，香菸不是儲存價值的理想工具（因為它們不能無限期保存），但因為香菸很輕，而且是標準配給物（亦即被標準化），相當適合作為貨幣。迄今，拉福德的這篇文章仍然經常被引用，例示一個起初倚賴以物易物交易的經濟體如何「自然地」演進出貨幣。

於銀行裡的黃金或白銀量的所有權），但至少在理論上，仍保持與黃金或白銀的關聯性：你可以拿著票據，去銀行兌換等值的黃金或白銀。此稱為「金本位」（gold standard）。

　　但後來的事實證明，把貨幣供給量和貴金屬供給量掛鉤，並不能造就與維持穩定性：貴金屬可得性突然改變會導致其價值的暴起與暴落，例如，西班牙帝國征服南美後，把當地的大量白銀運回國，以融資西班牙帝國在歐洲的戰爭，這導致通貨膨脹，以及因為西班牙帝國的過度揮霍而導致的屢屢拖欠借款。同樣地，十九世紀在加州與澳洲發現金礦，導致全球

榮景，引發通貨膨脹，接著是衰退與通貨緊縮。

　　此外，民營銀行也不像是任何時候都有固定、穩定的黃金量，經濟榮景時期，它們的放款量高於它們持有的黃金量，因此，當經濟衰退期無可避免地到來時，借款人違約件數增加，存款人想把自己的錢提領出來，有些銀行就倒閉了。金本位制導致榮景過熱，也導致衰退加劇，這種作用力在1930年代的大蕭條（Great Depression）中達到高潮，金本位制在其中扮演了重要角色，因為在金本位制之下，中央銀行（參見第16章）既無法增加貨幣供給，也無法拯救銀行體系。較早放棄金本位制的國家（例如英國）比那些仍然實行金本位制的國家（例如美國與法國）更快擺脫不景氣，走向經濟復甦。

金本位制的終結

　　大蕭條的經驗使得金本位制的信譽蕩然無存，包括凱因斯及傅利曼在內，幾乎所有經濟學家都唾棄它。雖然，二戰後的布列敦森林制度（參見第16章）重建了一個削弱版的金本位制，這個金本位制也未能活過1970年代。現在，不論是大經濟體或小經濟體，無一保留金本位制（基本教義派伊斯蘭國曾於近年發出一個影片，宣稱它將鑄造金幣，但這不是個好建議）。

「事實上，金本位早已成為一個野蠻遺物。」

——凱因斯

數位經濟

比特幣（Bitcoin）由中本聰（Satoshi Nakamoto，可能是個假名）創造於
2009年，它是一種去中央化的數位貨幣，必須使用電腦以「挖礦」方式
把它們挖掘出來（實際上是使用者監督比特幣支付系統，並獲得新創造
的比特幣以作為酬勞）。為防止通膨，最終能創造的比特幣數量受到限
制。雖然，比特幣的低交易成本以及不需要傳統的支付制度，使它具有
吸引力，但它的價值（以美元之類實體貨幣來衡量的價值）波動甚劇。
比特幣還未能對傳統貨幣構成實質威脅。

　　既然不是黃金或某種其他實物賦予現今的貨幣價值，那是什麼賦予它
價值呢？現代貨幣是「法定」貨幣（fiat money），亦即政府的命令宣布它是
貨幣。不過，這個定義同樣相當模糊。固然，某些國家貨幣是唯一的「法償
貨幣」（legal tender，亦即政府、商家或公司必須接受的支付工具），但在現
實世界裡，法償貨幣沒有什麼意義。舉例而言，英格蘭銀行發行的20英鎊
紙幣在英格蘭及威爾斯是法償貨幣／法定貨幣，但在蘇格蘭或北愛爾蘭並
不是。很少人知道這點，關心這點的人就更少了，因為這其實並不要緊，
在蘇格蘭，沒人會拒絕接受英國發行的20英鎊紙幣付款。

　　所以，貨幣就像一種憑藉信心的東西。不論實體形式或數位形式的法定貨幣，沒有任何實質意義的用處或價值，只不過其他人相信它的價值罷了。貨幣之所以有用（指前述三種用途中的任何一種），係因為我們集體贊同它可以被如此使用。諷刺的是，一個現代資本主義經濟的妥適運作，就是以這種集體暫停不信任貨幣為基礎。

一句話說貨幣

你認為它是貨幣，它就是貨幣。

07 獨占／壟斷
Monopoly

競爭與壟斷之間的相互作用，最能作為資本主義經濟模式的核心拉鋸的例子。在一個資本主義社會，競爭是促進創新、技術進步、生產力提高及成長的力量，反觀壟斷則被廣視為會導致經濟停滯。

想要勝過別人的欲望，是創業者及企業投資金錢與時間於改進生產流程的重要動機，反觀擁有專屬市場且沒有競爭壓力的壟斷者，沒有誘因去創新及改善其產品，就可以索取使其獲利最大化的價格，而非索取為社會創造更大經濟福祉的價格。

不過，弔詭的是，太多的競爭也可能有礙創新。獲利提供一個誘因，促使廠商改進一項產品，或發明一種新產品，但競爭會導致獲利減少，有時可能導致完全無利可圖，從而降低這些誘因。對許多、甚或絕大多數發明而言，主要動機是預期能有起碼暫時的壟斷力量，以及伴隨創新而來的賺錢機會。

1870	1890	1903	1911	1998	2015
約翰·洛克菲勒創立標準石油公司。	美國通過《休曼反托拉斯法案》（Sherman Antitrust Act）。	第一個版本的桌上遊戲「大富翁」（Monopoly）出現，作為一種展示競爭的益處的教育工具。	美國最高法院判決標準石油公司為非法壟斷事業。	谷歌公司創立。	谷歌的網際網路搜尋市場占有率達到65%。

壟斷事業源自何處？

從經濟角度來看，愈來愈大的規模報酬是出現壟斷的主要原因，亦即較大的公司可能效率較高，因此，競爭意味的是較大的公司將把較小的公司逐出市場。此外，創造較大的公司或工廠所需要的資本高於較小的公司或工廠，但將獲得較高報酬，因此，隨著時間，資本與勞動力終將變得愈來愈集中於較大的公司。另一個相關理由是網絡效應：例如，一個鐵路系統或電話網絡連結得更廣，對其使用者的效用更高，因此，實務上只有容納一個網絡的空間。

十九世紀後半葉證實了這點，被稱為「強盜大亨」（robber baron）的工業鉅子如鋼鐵業的安德魯・卡內基（Andrew Carnegie）、銀行業的約翰・摩根（John P. Morgan），以及石油業的約翰・洛克菲勒（John D. Rockefeller），創造了宰制美國經濟的巨型企業。巔峰時期，洛克菲勒的標準石油公司（Standard Oil）掌控美國石油市場的90%。馬克思和亞當・斯密若還在世，大概都會預期到洛克菲勒及其他類似的產業鉅子使用了公平手段（來自他們的企業規模及觸角範圍的規模經濟與網絡效應）和惡劣手段（與競爭者聯合訂價，掠奪性訂價，猛烈壓制工會），建立與維持他們的市場地位。

「跟許多精明的商人一樣，他學到一點，自由競爭是浪費，壟斷才有效率，所以，他立意達到那種有效率的壟斷。」
——馬里奧・普佐（**Mario Puzo**），《教父》（*The Godfather*）

反托拉斯

　　但最終，這種壟斷情況引發政治反應：十九世紀末及二十世紀初，反托拉斯法尋求拆分壟斷企業，禁止反競爭行動（例如聯合訂價）。於是，標準石油公司被拆分，其他壟斷企業如鐵路公司受到管制。公共政策暗示了，不受約束的資本主義確實有朝向壟斷的自然傾向（至少在一些產業是如此），政府的角色是要阻止這種情形，挑戰在於這麼做的同時，不能抑制企業的創新與成長能力。

　　二十世紀，多數國家訴諸兩條途徑來解決這些拉鋸。對多數企業而言，競爭法限制了被認為將建立或鞏固實際壟斷或形同壟斷〔例如「寡占」（oligopoly）──幾個企業明顯或隱含地勾結共謀提高價格或減少競爭〕的商業行為。因此，和競爭者聯合訂價通常是違法的，若一樁合併或購併案看起來可能會顯著減少競爭，或許就會遭到監管機關封殺。

　　在此同時，被視為無可避免的壟斷事業──所謂的「自然壟斷／自然獨占」（natural monopoly），要不是被公營化，就是受到嚴格監管。舉例而言，鐵路運輸、電話及電力公司要不就是公營事業，要不就是在索取價格方面受到嚴格規範。

　　不過，「不受束縛的資本主義總是傾向壟斷」這個觀點也受到質疑，那些抱持更動態觀點的人指出，壟斷事業（尤其是那些受到管制者）會漸漸變得不活躍，效率差，遭到更創新的競爭者的挑戰。他們也認為，技術創新能改變一些先前被視為自然壟斷的產業的性質。

　　因此，1970年代末期，再度於美國領頭之下，許多國家開始鬆綁對一些重要產業的管制，並讓其他產業民營化。例如，美國率先鬆綁對航空

谷歌是壟斷企業嗎？

乍看之下，舉世領先的搜尋引擎可能是個壟斷事業，這似乎是個不合理的觀點，畢竟，谷歌的這項主力產品是免費的，而且，也沒什麼力量去阻止他人設立一個更新、更好的搜尋引擎。但事實上，谷歌陷入與歐盟執委會的長期官司，後者認為谷歌濫用它在網際網路搜尋這個領域的「支配地位」去引導消費者使用它的服務（消費者需要直接或間接付費的服務）。谷歌也被控迫使手機製造公司預先安裝其安卓（Android）作業系統軟體。

與這些情況相關的法律與經濟學很複雜，但消費者主要關心的可能不是其他競爭者是否會失敗，而是我們必須付出什麼，才能使用谷歌的服務，尤其是我們對個人資料的權利，包括購買習慣、我們的電子郵件內容等等。有句話說得好：「若你不為產品付費，你本身就是產品。」

業的管制，歐洲跟進（但鬆綁過程較斷斷續續），這個產業的管制鬆綁結果顯然是成功的。至於民營化的結果，好壞不一：在電信業，技術變化確實使得建立與維持壟斷地位變得更加困難，因此，大體而言，結果是成功的；但在其他產業，例如鐵路運輸業，就不是那麼成功了。因此，共識已從原先的觀點——需要持續且強制性的直接與間接政府干預來確保競爭，轉變為更精簡的政府監管。

壟斷與技術

二十一世紀初，我們可能接近另一個轉折點。技術進步的速度加快，一些人認為，這意味著競爭政策的必要性與成效降低了：政府跟不上腳步，也不需要跟上腳步。舉例而言，美國政府在1970年代和1980年代花相當多的時間與心力打官司，力阻IBM宰制主機型電腦市場，但是，當技術創新使個人電腦市場的重要性遠大於主機型電腦市場時，情況就迎刃而解了。同理，微軟公司被判決有反競爭行為，試圖以其IE瀏覽器來建立壟斷地位，儘管它在瀏覽器市場的霸權已經漸漸被谷歌取代了。

不過，也有相反的觀點，認為新科技使網絡效應（乃至於競爭政策）變得更加重要。谷歌、臉書及亞馬遜或許還未達等同於標準石油或摩根銀行當年的宰制地位，但它們顯然有某種程度的壟斷力量，而且，如同多數資本主義理論家可能預測及預期，它們正試圖維持及擴展它們的地位：進入可以槓桿利用其既有支配力的新市場，並使用它們對我們個人資料的掌控來提高獲利。政策該如何因應這種發展趨勢呢？我們還不清楚，但純粹自由放任（laissez-faire）的方法可能不夠用。

一句話說獨占／壟斷

競爭需要持續不絕的警戒。

08 比較優勢
Comparative advantage

比較優勢以及與它密切相關的「機會成本」是了解現代經濟學一些重要特色的必要概念，例如，何以專業化使經濟體系變得更有效率，為何各國會彼此貿易，為何你不該總是專注於做你最擅長做的事！

　　比較優勢的概念有時被簡化成這個準則：國家（或個人或廠商）應該專業於做他們「擅長」之事。但這可能會導致對**比較**優勢和**絕對**優勢（absolute advantage）概念的混淆。事實上，相對優勢說所有國家將受惠於貿易，縱使是那些在生產所有貨物上都比貿易對手國更欠效率的國家，仍然將受惠於貿易。

葡萄酒、衣服及貿易的好處

生產一單位貨物需要的人年勞力（man-years of labor）		
國家	衣服	葡萄酒
英國	100	120
葡萄牙	90	80

　　經濟學家大衛‧李嘉圖在其1817年出版的著作《政治經濟與賦稅原理》中闡釋「比較優勢」原理時，舉了一個著名的例子：葡萄牙在生產葡

萄酒和衣服方面的效率皆高於英國，亦即葡萄牙在生產這兩種貨物上有絕對優勢，儘管如此，李嘉圖解釋何以葡萄牙和英國都能受惠於貿易。若兩國不貿易，英國需要220人年勞力來生產一單位的衣服及一單位的葡萄酒，而葡萄牙僅需要170人年勞力。但是，若英國把這220人年勞力全投入於生產衣服，能生產2.2單位；葡萄牙把170人年勞力全投入於生產葡萄酒，能生產2.15單位。若英國把1.1單位的衣服拿來換取葡萄牙的1.075單位的葡萄酒，兩國都能消費不只一單位的衣服和一單位的葡萄酒，因此，自由貿易使兩國皆受惠。雖然，葡萄牙在生產葡萄酒及衣服上都具有絕對優勢，但英國**相對**較擅長生產衣服，亦即在生產衣服上有**比較優勢**。縱使在貿易後，葡萄牙仍然比英國窮，但貧窮程度輕於沒有貿易之時。重要的是，每個國家都有生產**某個東西**的比較優勢，因此，所有國家都能受惠於自由貿易。

比較優勢的原理也適用於個人層次。我的太太可能在經濟學和烹飪方面都比我強（指的是更有效率），但我仍然在其中一項具有相對優勢，而且，她的時間有限，因此，若我專注於我具有比較優勢的那一項，她可以把時間騰出來，專注於做另一項。

1817	1846	1930	1947	2001
大衛・李嘉圖出版《政治經濟與賦稅原理》，闡釋比較優勢原理。	英國廢除對進口穀物課徵高關稅的貿易保護主義《穀物法》（Corn Laws）。	美國通過與實施《斯姆特—霍利關稅法》（Smoot-Hawley Tariff Act），使貿易障礙升高，並引發貿易戰，多數經濟學家認為這使得經濟大蕭條更加惡化。	多國簽署關稅暨貿易總協定（General Agreement on Tariffs and Trade，簡稱GATT），展開二戰後降低國際貿易障礙的行動。	中國加入世界貿易組織（World Trade Organization，GATT的後繼），後來成為舉世最大出口國。

什麼決定比較優勢？

李嘉圖認為，決定相對優勢的關鍵因素是「生產要素稟賦」（factor endowments）——一國家擁有多少土地、勞動力及資本。一個擁有很多土地、但人口相對較少的國家，可能在農業上具有相對優勢；一個擁有很多資本的國家，可能在製造業具有比較優勢。

這是理論，但實務上行得通嗎？整體來看，似乎行得通。舉例而言，面積相對較小、但人口多的孟加拉，沒有多少天然資源（還有種種其他不利條件），在全球層級上，可能生產任何東西都具有絕對劣勢。在孟加拉生產任何東西，效率可能都低於在別國生產。但是，孟加拉的大量低技能勞工使該國在使用這類勞工的產業（例如紡織業）具有相對優勢。

所以，當較富有國家降低或廢除產於孟加拉的紡織品的關稅時，孟加拉出現大量的紡織工廠，許多勞工（尤其是女性勞工）從鄉村遷移至城市，到工廠裡工作。這並未使孟加拉變得富有（不論國家或個人層級），但勞工的所得高於他們在鄉村時能掙到的收入，該國可以用這些錢來進口食物及其他商品。現在的孟加拉仍然是世上最貧窮的國家之一，但過去十年，紡織品的自由貿易已經幫助該國顯著減輕貧窮。

在較進步的經濟體和較先進的產品方面，比較優勢理論的爭議性較高。上述簡單例子假設比較優勢是固定不變的，雖說相對於英國，葡萄牙

「在完全自由商業的制度下，每個國家自然地把其資本與勞動力投入於對每個國家最有益的生產活動。這種從事個別優勢之事的行為，非常攸關整個社會的共同利益。」

——李嘉圖

真確且驚人

氫彈的發明人之一、數學家史坦尼斯拉夫·烏拉姆（Stanislaw Ulam）曾詢問保羅·薩繆爾森（Paul Samuelson，諾貝爾經濟學獎得主，現代經濟學之父），經濟學是否稱得上是一門社會科學，可曾提出過什麼真確且驚人的理論。幾年後，薩繆爾森指出，比較優勢理論稱得上是真確且驚人的理論。每個國家都有相對較擅長之事，以及伴隨這而來的含義——貿易通常會使雙方受益。這個洞察常令人感到反直覺，也是許多企業領導人及政治人物仍然難以理解的東西。

在生產葡萄酒方面可能具有持久的比較優勢，但加州矽谷或倫敦在軟體或投資銀行領域的比較優勢，其來源遠不那麼顯著，有可能與政府或企業的行動（例如教育制度或法規架構）的關聯性更大，這就使得我們無法那麼明確地說自由貿易或自由市場是永遠正確的政策。

「跟透過自然汰選的進化概念一樣，相對優勢這個概念對那些理解的人而言是既簡單且令人信服。但是，在狹窄的經濟學者圈之外，那些討論國際貿易這個主題的人很快就會覺得，某種意義上來說，這其實是個很難理解的概念。」

——經濟學家保羅·克魯曼（**Paul Krugman**）

比較優勢不是固定不變的

　　殖民主義終結後的1950年代及1960年代，幼稚產業（infant industry）保護論盛行，支持者認為，開發中國家應該對特定產業給予貿易保護，直到它們具有全球競爭力。但是，訴諸此方法的國家，包括印度及許多非洲和拉丁美洲國家在內，大都相當失敗；受到保護而免於自由貿易的國內產業，其效率遲遲未能提升至足以在全球競爭的水準。

　　不過，這並非指國家必須接受比較優勢是固定不變的。許多東亞國家在維持相當開放的貿易政策的同時，結合使用國內管制、補貼及其他的政府干預，在新產業中創造出比較優勢。日本在汽車製造領域的成功，或韓國在手機製造業的聲譽，全都不是因為有與生俱來的相對優勢，這些成功是市場壓力和政府干預結合之下創造出來的。

　　那麼，從法國到尚比亞，在現今的全球經濟中，國家如何創造比較優勢呢？自由貿易和自由市場是部分答案，優良的制度與基礎建設、法規、高品質教育、有時加入政府的直接干預，這些也是答案。這一切需要付出辛苦的努力，但基本洞察仍然成立：每個國家都相對擅長於某件事，你應該專注於做你相對擅長之事。

一句話說比較優勢

人人都擅長某件事。

09 看不見的手
The invisible hand

經濟學中最醒目的隱喻是亞當·斯密的「看不見的手」，他提出的洞察是：若市場有效運作的話，理性追求自身利益的個體應該會使得整個社會的生產總值最大化。若然，就不需要集體規劃、協調或政府干預了。

亞當·斯密在其1776年出版的《國富論》中以下面這段話介紹「看不見的手」的概念：

每個人必然盡其所能地提高社會的年收益，其實，他通常既不打算增進公共利益，也不知道他能增進多少公共利益。他支持國內產業，而非支持外國產業，其實只是為了增進他自身的保障；他勤勉努力，使得產出可能創造最大價值，這其實只是為了增進他自身的利益。在這方面，就像許多其他境況一樣，他被一隻看不見的手所引導，去促進一個非個人本意的目標……透過追求他自

1776	1846	1930	1948	1979
亞當·斯密出版《國富論》。	英國廢除《穀物法》。	美國通過與實施《斯姆特—霍利關稅法》，導致保護主義關稅潮，使大蕭條更加惡化。	多國簽署關稅暨貿易總協定（以及後來成立的世界貿易組織），為戰後的貿易成長鋪路。	中國共產黨總書記鄧小平開啟中國的經濟自由化。

身利益，個人經常增進了社會的利益，而且成效優於他出於真心
這麼做之下的成效。我從未見過那些刻意地為了公眾福祉慷慨解
囊的人做了多少善事。

價格機制

但是，如何實現亞當‧斯密描繪的情境呢？何以個人追求自身利益的
行為也會連帶使得整個社會受益呢？答案取決於價格機制。若市場運作得
宜，個體將會生產他們能生產的最有價值的產品，以使他們自身的福祉最
大化；同樣地，消費者將會尋找與購買他們認為最有價值的產品。把經濟
與社會結合為總體來看，在供給與需求的運作下，資源（資本與勞動力）
將分配至使它們最有價值的地方，得出最有效率的可能結果。

把這應用於課堂上繪出的供需曲線時，這聽起來像是不錯的論點，但
在遠遠更複雜的真實世界裡，它行得通嗎？事實上，「看不見的手」雖遠
非完美，它的確在平衡供需和滿足個人與集體的需求上做得比計劃經濟還
要好。

福利經濟學第一基本定理

亞當‧斯密是直覺地得出他的這個觀點，但現代經濟學家肯尼斯‧
艾羅（Kenneth Arrow）和傑拉德‧德布魯（Gerard Debreu）用數學證明了
此觀點的一個版本。福利經濟學第一基本定理說，若市場運作得宜，其

> ### 餵養城市
>
> 每天，倫敦有超過八百萬人需要吃三餐，他們吃的食物極少是在這個城市裡生產出來的，它們不只是來自英國各地，也來自世界各地。沒有一個人或組織能夠了解、更遑論計劃為了生產我們所吃的牛肉、香蕉、比司吉、啤酒等所有東西，以及用飛機、船和貨車把它們運送至超市與商店，需要發生的所有事。事實上，這些事幾乎全都不是在計劃下發生的（至少不是中央計劃下發生的），它們是從國際性貿易集團到街角商店的私部門公司與商家為了謀利而營運之下自然發生的。看不見的手驅動複雜且高度發展的經濟活動，這是計劃經濟永遠無法做到的。

結果——所謂的競爭均衡（competitive equilibrium）——將是帕雷托效率〔Pareto efficiency，譯註：或稱「帕雷托最適」（Pareto optimality），由義大利經濟學家帕雷托（Vilfredo Pareto）提出的概念〕：總產出將達到最大化，亦即不必減損一人的福祉，就能提高另一人的福祉的最佳效率狀態。不論從政治或經濟或道德角度來看，看不見的手的單純性與力量都令人信服，若沒有政府干預的經濟能自然地達到符合經濟效率，當然就沒有理由進行干預，因為這只會使境況變得更糟，不是嗎？

　　但是，如同亞當・斯密所承認的，實際情況遠比這複雜得多。若完全沒有政府干預，市場根本無法運作，最起碼，需要政府建立財產權並確保執法。而且，在數學背後，使第一基本定理成立的重要假設是存在財產權，以及能夠撰寫與執行契約。

　　此外，證明第一基本定理的數學也同時顯示，現實世界不太可能充分滿足此定理成立的必要條件。這些必要條件包括：那些我們一般認為的市場（即現今買賣商品的市場）必須運行，期貨及保險市場也必須運行；所有人擁有相同的知識與資訊；沒有壟斷事業；沒有污染與壅塞之類的外部性（externalities）；甚至還有更不切實際的必要條件，例如沒有破產或有限責任。任何的這些「市場失靈」，將意味著看不見的手不再保證能增進整個社會的利益。

政府干預

　　所以，「看不見的手」這個概念為政府干預市場的支持者及反對者提供了論據。有些人引據這概念，主張把政府干預侷限於制定使市場得以運行的基本法律架構，沒有理由需要除此之外的政府干預。對亞當・斯密論述的這種解讀被拿來在十九世紀反對童工法，在二十世紀反對制定最低工資，也被拿來主張自由貿易及反對保護主義，認為意圖良善的政府干預只會使事情變得更糟。

「我們從美國經濟史中獲得一個啟示：政府一再重新設計美國經濟，使它轉往新的成長方向。是的，確實存在看不見的手，以及很多的創業創新與活力，但是，政府一再舉起看不見的手，開啟經濟活動的新領域，再把看不見的手放至一個新位置，讓它繼續施展它的魔法。」

——經濟學家布萊德・德隆（Brad DeLong）

　　其他人則認為，市場、亦即看不見的手可能在最重要的領域失靈。亞當‧斯密特別敏銳地指出，若存在壟斷——不論是政府許可下建立的，抑或勾結下形成的壟斷，價格訊號、乃至於看不見的手將無法運作。他這麼寫道：「同一個行業的人聚在一起時，就算是消遣娛樂的聚會，他們的交談內容最終往往轉向共謀如何對付大眾，或是以某種手段來抬高價格。」

　　更近期的一個關切主題是外部性——未反映於市場價格上的經濟影響。看不見的手本身不會確保個別公司或消費者把二氧化碳排放量減少到足以防止全球暖化的危險，因為導致排放二氧化碳的個體不需為此支付市場價格。唯有透過政府的管制或課稅干預，才能對造成危害的二氧化碳排放訂出價格。

　　重要而必須記得的一點是，看不見的手談的是有關於一種形式的經濟效率，不是有關於道德或公平性。不論是亞當‧斯密的初始論述或現代經濟學，都未談及市場運行下的資源分配是合理或公平。

一句話說看不見的手

效率不需要靠計劃。

10 創造性破壞
Creative destruction

資本主義經濟如何發展和繁榮？是什麼讓公司更有效率、更具創新性，或使勞工的生產力提高，從而使經濟整體規模成長？這是一個看似簡單的問題，卻沒有簡單的答案。事實證明，成功一個必要成分是失敗。

在標準的新古典經濟學資本累積模型中，並非全部所得都被花用掉了，廠商有盈餘，或工作者把部分薪資存起來，這些錢被拿來再投資。只要存起來的錢夠多而足以替代貶值的資本，並且還增加了資本，資本量就隨著時間累積，經濟也隨之成長。在此同時，技術進步使得生產力提高，相同的資本與勞動量可以產出更多。

表面上看，這妥善描述了總體經濟的運作。它暗示，儲蓄與投資愈多的經濟體將成長得更快，這確實沒錯。它暗示，技術進步將促進成長，這似乎是顯而易見的道理。它暗示，較落後的經濟體可藉由在技術方面迎頭

1942	1994	1998	2006	2008
約瑟夫・熊彼得出版《資本主義、社會主義與民主》（*Capitalism, Socialism and Democracy*）。	網景公司（Netscape）創立，推出迅即成為最多人使用的網頁瀏覽器；該公司在翌年就公開上市，掛牌第一天收盤價使其市值達到約 30 億美元。	谷歌創立，該公司現在的市值約5,000億美元。	網景〔現隸屬於美國線上（AOL）〕的市場占有率下滑至不到1%。	雷曼兄弟控股公司（Lehman Brothers）申請破產，負債超過6,000億美元，是有史以來最大宗破產。

趕上較先進的經濟體，成長更為快速，這似乎也在現實世界中獲得了印證。它也暗示，衰退期除外，先進經濟體的成長率應該是相當平穩。

表面下

　　但是，這描述忽視了經濟實際運作方式的兩個重要層面。第一，雖然，先進經濟體的總體經濟可能以不高、但平穩的速度成長，大約年成長率2%或3%，但個別企業並非如此。每年有很多的企業破產，也有一些企業成長得很快，有些企業則介於這兩者之間。第二，生產力的提高，究竟源自何處呢？其實有種種源頭，例如企業組織方式不亮眼的改進，尖端科技突破的商業應用，生產出新產品與服務等等。技術進步並不是只發生於大學的實驗室，與更廣大的經濟沒有關聯性。

　　先是馬克思，然後是更詳細著墨的奧地利經濟學家約瑟夫‧熊彼得（Joseph Schumpeter），他們都指出，只看資本的持續累積並不足以解釋資本主義的動力。資本並非只會被創造，資本也會被破壞，重要的是，這破壞是成長之必要。市場並非只獎勵賺錢的公司，也會懲罰那些不賺錢的公司，不賺錢的公司將結束營業（那些錢賺得不夠的公司可能被接管或拆分），它們使用的資源——其中最重要的是它們的員工，但有時也包括它們的資本——將被重新分配給更賺錢的公司。

　　熊彼得說，再者，技術進步並非與資本的成長及破壞完全無關。新公司將發展新產品或流程，以從既有公司手中奪取市場，或是創造全新的市場，不論何者，既有公司都將遭到破壞，連帶地，就業與投資也將遭到破壞，但這種破壞是整體經濟成長之必要：

影片出租業的式微

1980年代，市面上開始販售家用錄放影機，到了1980年代終了時，英國與美國的家戶大都擁有錄放影機，這引領出欣欣向榮的影片出租產業，1999年時，美國的影片出租業者總計雇員約十七萬人。擁有九千間商店的影片出租業龍頭百視達（Blockbuster）在2000年拒絕以5,000萬美元收購小型新創公司網飛（Netflix）的機會。今天，百視達早已破產，結束營業，影片出租產業從業人員只剩下幾千人，網飛及其他提供隨選視訊服務的業者稱霸。十年後，誰知道又會變成怎樣的面貌呢？

國外與國內新市場的開啟，以及從工藝品店、工廠、乃至於美國鋼鐵公司（U.S. Steel）的組織發展，例示產業轉變過程，不斷地自內改革經濟結構，不斷地破壞舊的經濟結構，創造新的經濟結構。這種創造性破壞的過程是資本主義的基本事實，是資本主義的性質，是每個資本家必須面對的事實。

現代研究人員已經發現，在先進經濟體，公司的創造與破壞其實是成長的主要驅動力之一，大部分的生產力成長不是來自既有公司的效率提高，而是來自新公司進入市場，舊公司退出市場。同樣地，大部分的就業成長來自一些較新、且快速成長中的公司的擴張。

事實上，這過程可能比以往更快，標準普爾五百指數籃裡的公司的平均壽命，已經從1920年代時的超過六十年縮短到現今的十五年。世界經濟

近年的成長有很大部分來自1980年代時還很小、甚至不存在的公司，例如蘋果、亞馬遜、阿里巴巴。

經濟衰退的好處

　　更具爭議性的是，馬克思和熊彼得也認為，在資本主義經濟中，不僅個別廠商層級的持續創造性破壞是成長之必要，偶爾出現的更廣泛性的企業破壞也是必要。榮景時期，廠商生存、甚至成長太容易了，未必要提高生產力或開發新產品。為了清除經濟體系裡那些委靡、生產力低的公司，騰出資源以供下個階段的資本主義發展，需要經濟危機。換言之，新古典經濟學家和凱因斯大概會這麼說：在資本主義制度下，衰退與惡化不是「麻煩」，是一種特性。

　　從這個角度來看，經濟衰退或許造成一些工作者及公司的短期痛苦，卻是更長期的持續成長之必要。這也意味，縱使是意圖良善的政府干預，透過總體經濟層級的財政政策或貨幣政策來減輕經濟衰退的衝擊，或是對個別公司提供紓困或幫助，最終將是有害的。事實上，有些研究人員認為，這是2008至09年的金融危機後，多數先進經濟體（尤其是歐洲）的復甦速度較慢及生產力成長很低的原因之一。不同於以往的衰退，這次危機

「許多殭屍和未來的殭屍企業現在漫步於經濟體系裡，閹割了熊彼得的『創造性破壞』──資本主義經濟進步的核心要素。老舊的企業持續撐著，阻礙了新投資。」

──基金經理人暨金融作家比爾・葛洛斯（**Bill Gross**）

後的不景氣期間，沒有那麼多的公司破產，部分原因是太低的利率水準持續太久，許多公司像殭屍似地搖搖晃晃地繼續撐著，把資本和勞動力繼續卡在低生產力的應用上。

一句話說創造性破壞

失敗是成長的必要。

11 成長
Growth

這不是一本經濟學教科書，但為了理解經濟學家如何思考資本累積、工資、技術進步及成長，一些代數數學可以幫得上忙。雖然，我們不該視梭羅成長模型為代表現實，這模型能幫助我們思考經濟的實際運作。

　　梭羅成長模型（Solow growth model）是結合資本與勞動力的成長模型，大概是最簡單的成長模型了，用一條簡單公式把這兩個生產要素與技術關聯起來：

$$Y_t = A_t F(K_t, L_t)$$

　　換言之，Y_t（時間 t 時的經濟總產出）是總資本存量（K_t）及總勞動量（L_t）的函數乘以代表技術狀態的 A_t。此模型也假設固定規模報酬（constant returns to scale）：把資本與勞動量增加一倍，技術不變，產出可增加一倍。這似乎合理，兩名勞工使用一台機器，其產出是一名勞工使用一台機器的產出的兩倍。

　　因此，這模型讓我們能夠追蹤資本累積與成長的關係。產出 Y 要不就是被消費了，要不就是被儲蓄起來，若是被儲蓄起來，然後被用於投資，

「生產力不是萬靈丹，但長期而言近乎萬靈丹。」

——經濟學家保羅・克魯曼

資本存量就會歷時增加。我們也可以假設既有資本存量歷經時日貶值或損失，在這種情況下，新投資中的一部分只是被用來取代折舊資本。這個很簡單的模型有一些有趣且重要的含義：

- 資本報酬遞減。在固定的勞動量下，多增加資本帶來的產出增加量將愈來愈少。
- 若折舊率固定，那麼，到了一個時點，增加的資本量僅足以取代折舊資本，若沒有技術進步或勞動力成長，經濟將趨向一個持穩狀態，沒有成長。
- 就算人口與勞動力成長，經濟將仍然趨向持穩狀態，產出雖成長，但人均產出不變。
- 起始點不同（尤其是起始時人均資本存量水準不同）的經濟體，只要較貧窮的國家保持高儲蓄率或儲蓄率高於較富有國家，那麼，這些經濟體將趨同，亦即較貧窮的國家的成長將「趕上」較富有國家。
- 這模型讓我們能夠做所謂的「成長會計」（growth accounting）：各國在不同期間的經濟成長，有多少成分歸功於勞動力的成長，多少成

1956	1964	1950—73	1973—90	1990—2007
經濟學家羅伯‧梭羅（Robert Solow）發表「梭羅成長模型」。	經濟學家蓋瑞‧貝克（Gary Becker）出版《人力資本》（Human Capital）。	全球人均GDP成長率近3%。	全球人均GDP成長率1.8%。	全球人均GDP成長率2.2%。

中等所得陷阱（middle income trap）

梭羅成長模型預測，若較貧窮的國家保持儲蓄與投資，並採用更好、生產力更高的技術，它們的成長速度將快於較富有國家，最終迎頭趕上。一些國家，尤其是東亞國家，已經在趕上更先進經濟體方面取得了顯著進展，但是，多數國家雖取得初步進展，但離趕上還差得遠。世界銀行（World Bank）提出「中等所得陷阱」一詞來解釋此現象：1960年時被定義為「中等所得」的國家，相對而言，多數現在仍然留在原地，亦即仍然在「中等所得」國家之列。

是什麼導致中等所得陷阱？有何對策？幾乎可以確定，中等所得陷阱與下述廣泛問題有關：政府在哪些方面做得好及做得差；整個社會的運作方式。由於全球有高比例的人口在目前落入此陷阱、或未來可能落入此陷阱的國家（大多數的拉丁美洲國家、中國及印度），他們能否逃脫此陷阱，是二十一世紀最重要的經濟疑問之一。

分歸功於資本存量的成長，多少成分歸功於生產力（技術）的成長。

- 長期而言，人均產出的主要成長驅動力是技術進步（或生產力的提高）。

再加入其他假設（尤其是競爭市場），這模型也能幫助我們預期工資與獲利或資本報酬的趨勢：工資應該會隨著平均每個工作者資本存量（capital stock per worker）的提高而上升；伴隨經濟成長，產出中歸屬於工資的份額應該會大致維持不變。

趨同與工資提高

當然有證據顯示，投資更多（前提是這項投資不浪費）的開發中國家已經向先進國家趨同：首先是日本，然後是其他東亞國家，有很高的儲蓄率及投資率，有快速迎頭趕上的成長率，工資大致上也伴隨平均每個工作者資本存量的提高而上升（這相反於馬克思的觀點）。或許，最令人驚訝的是，它們的勞動所得份額確實長期保持相當固定，雖然近年似乎有點下滑。

但是，從梭羅成長模型得出的、堪稱最重要的結論是古典經濟學的有限性。根據此模型，短期間，資本存量或儲蓄率可能改變成長率，但長期而言，結果大致相同。其他的經濟政策（例如移除貿易障礙或降低稅負）亦然，它們也許有益或有害，但長期而言，它們不會促進成長。唯有技術進步帶來的生產力改進，是長期的成長來源，但這簡單版本的成長模型完全無助於解釋這部分的變化或成長。

生產力很重要

這個缺陷並非意味梭羅成長模型沒用處，相反地，它使經濟學家聚焦於試圖了解生產力的成長來自何處，在這方面，最重要的躍進在於了解

「有沒有什麼行動是印度政府能夠採取而使印度經濟像印尼或埃及那樣成長呢？若有，那究竟是什麼行動？若否，究竟是什麼『印度性質』所致？這類疑問對人類福祉的影響是很巨大的。」

——經濟學家小羅伯・盧卡斯（**Robert E. Lucas, Jr.**）

「人力資本」（human capital）的重要性 ── 拜教育、資質、技能與經驗之賜，一些工作者的生產力高於其他工作者。

一旦在這模型中納入「人力資本」，就更容易解釋其他事情。舉例而言，若所有工作者都相同，那麼，那些平均每個工作者資本存量較低的國家（亦即較貧窮的國家）的資本報酬率應該更高，所以，若資本能夠自由流動，投資應該流向那些國家才對。但在多數情況中並非如此，事實上，美國有很高的經常帳（current account）赤字，這意味的是，投資從其他國家（尤其是中國）流向美國。不過，只要在相同的資本量之下，美國的工作者生產力高於中國的工作者，這未必就是一個矛盾現象。

這個模型的其他延伸能夠納入其他要素的重要性，例如社會資本（social capital）、制度環境、法律架構等等，這已經影響我們對於經濟發展的思考方式，因此，1950年代和1960年代強烈聚焦於鼓勵國家增加資本投資以促進成長，而現代的政策則是更聚焦於教育與技能（人力資本），以及制度與治理。什麼最重要，這取決於時、地，但對多數經濟體而言，多數時候，成長仍然是重要挑戰。

一句話說成長

經濟如何成長。

第 **2** 部

資本主義的機構
INSTITUTIONS OF CAPITALISM

12 企業家
Entrepreneurs

在資本主義制度中，企業家的角色是拿他們自己的時間及（或）錢來冒險，以求把一個新點子或發明轉化成有利可圖的商機。沒有企業家，一個點子或發明可能永遠不會變成一個產品。

經濟成長、乃至於人類進步，說到底是源自最廣義的人類才智：科學發現，新發明，或只是更好的做事方法。凡是使我的生產力更高的東西，從我的鞋子到我的電腦，凡是我消費的東西，從電視到葡萄酒，這一切全是人類才智的產物。

但是，一個點子或發明本身對經濟可能沒什麼影響，必須有人把它轉化成能夠發展、生產、行銷及銷售的產品，這就需要企業家了。在資本主義制度中，企業家的角色是拿他們自己的時間及（或）錢來冒險，以求把一個新點子或發明轉化成有利可圖的商機。

有時候，企業家本身也是科學家，愛迪生（Thomas Edison）發明了第一個實用的燈泡和留聲機（以及許多其他發明），但他也創立了許多公司，把它的發明推到市場上，包括第一家發明人本身擁有的電力公司。不過，其他科學家沒興趣從事商業活動，例如發明了全球資訊網（World Wide Web）、但從未申請專利的提姆・伯納斯—李（Tim Berners-Lee），或是不擅長於商業，例如比羅・拉斯洛（László Biró），他發明原子筆，但從未能靠它賺到錢，最終把專利賣給馬塞爾・畢（Marcel Bich），他的Bic公司靠著銷售原子筆，賺了很多錢。

英勇的企業家

　　我們往往把企業家這種人物傳奇化——白手起家，冒險，可能起初失敗，但最終向全世界推出一種改變生活的新產品，並因此變得極為富有，這鮮明地有別於那些穿著西裝經營大公司的無名經理人。十九世紀，他們是愛迪生之類的人物；在現代，則是比爾・蓋茲（Bill Gates）或史蒂夫・賈伯斯（Steve Jobs）之類的人物。但是，「孤獨、英勇的企業家」形象是一種迷思，這世上沒有幾個愛迪生，比爾・蓋茲的成功得力於微軟公司在其發展的關鍵時刻和大公司IBM建立了夥伴關係。

　　創業通常遠比「某人獨自在其筆記型電腦上努力打造下一個谷歌或臉書」這種情境要複雜得多，新產品或事業並不是一個人在真空中創造出來的，它們通常需要來自銀行或投資人的融資，有具備相關領域技能的員工，且往往需要取得那些正在研發相似產品者的點子。新創公司往往群集於一地——科技新創公司群集的加州矽谷及德國柏林，生物科技新創公司群集的印度海德拉巴及瑞士日內瓦，這不是沒有原因的。

1878—79	1908	1954	1976	1999
愛迪生發明電燈，創立愛迪生電燈公司（Edison Electric Light Co.）。	亨利・福特（Henry Ford）推出第一款大量生產與銷售的汽車Model T。	雷・克洛克（Ray Kroc）從麥當勞兄弟手上買下一間漢堡餐廳。	史蒂夫・賈伯斯和史蒂夫・沃茲尼克（Steve Wozniak）共同創立蘋果電腦公司。	馬雲創立中國科技公司阿里巴巴，該公司在2014年創下全球最大規模IPO紀錄。

　　政府的直接或間接扶持可能也很重要，可能是資助基礎研究，或是提供商業化所需的法規機構。前美國副總統艾爾‧高爾（Al Gore）並未創造網際網路（有人錯誤地說他曾這麼聲稱），但他提出、並於1991年通過的《高效能運算與通訊法案》（*High-Performance Computing and Communications Act*）為國家超級電腦應用中心（National Center for Supercomputing Applications）提供資金，在這中心，一支團隊開發出第一部網頁瀏覽器，而網景創辦人馬克‧安德森（Marc Andreessen）就是這團隊的成員之一。

　　但有一點或許是真確的：少數的新創公司對經濟產生了不成比例的大影響。雖然，很多人是自雇者，或是創立了小事業，但他們大都未開發新產品。英國的五百多萬自雇者中，最普遍的職業是計程車司機，多數的小事業是商店、美髮師之類，當然，這些也是有價值的經濟活動，許多也確實是「創業」，但它們的總經濟影響有限。反觀一些快速成長的公司卻是對經濟產生大影響，經濟合作暨發展組織（OECD）的研究顯示，整個就業成長（或許產出成長也是）有超過半數是這類公司創造的。

企業家是造就的，不是天生的

　　一些國家或民族比其他國家更具創業精神嗎？究竟小布希總統是否曾對前英國首相東尼‧布萊爾（Tony Blair）抱怨過：「法國人的問題在於他們甚至沒有一個字彙可用於『entrepreneur』這名詞（譯註：這是個諷刺玩

「歷史的長河中，有許多人在新路上踏出第一步，手上什麼都沒有，只懷抱著自己的憧憬。」

——小說家安‧蘭德（**Ayn Rand**）

流行文化中的企業家

企業家的故事——他從卑微起始點的發跡，他在逆境中的奮鬥，他的成功與失敗等等——是美國電影喜愛的題材，從《大國民》（*Citizen Kane*），到丹尼爾‧戴─路易斯（Daniel Day-Lewis）飾演石油商、並贏得奧斯卡最佳男主角獎的《黑金企業》（*There Will Be Blood*），到改編自臉書崛起故事的《社群網戰》（*The Social Network*）。這些故事中的企業家通常是、但並非總是男性，珍妮佛‧勞倫斯（Jennifer Lawrence）在其主演、並獲得奧斯卡金像獎提名的2015年影片《翻轉幸福》（*Joy*）中飾演一個離婚的單親媽媽，在航空公司擔任售票員，她發明了一種自動擰乾的拖把，歷經許多挫折後，終於成為富有的企業家。也有黑暗面的故事：長年躋身美國最佳電影之列的《教父》系列基本上講述的是蓽路藍縷地建立、繼而維持與擴張一個家族企業的故事，柯里昂黑手黨家族沒有發明什麼東西，但他們仍然得冒險（財務及人身方面的冒險），決定與他們的對手競爭抑或合作，多角化抑或擴張至新市場。

笑，因為 entrepreneur 這個字就是源自法國的一個外來語）」，不得而知，但這其實反映了美國的一個普遍觀點：歐洲人——尤其是那些來自更傾向社會民主主義經濟體（例如法國）的歐洲人——較不可能冒險。但是，並無明確證據支持這種觀點，搞不好，有一個更強韌的社會安全網會使人們更願意冒險，因為知道若他們失敗了，起碼不會淪落悲慘的貧窮境況？例如，瑞典有歐洲最強的福利國家制度之一，就多數創業精神指標來看，瑞典表現得很好。

　　同樣地，某些民族也常被形容為很有創業精神，例如猶太人、印度的古佳拉特人（Gujarati）、黎巴嫩人、香港華人。其實，歷史上每個時代的移民群大都被如此形容，這再一次顯示，創業精神不是個人或民族特性，而是環境造就的。移民往往被政府和大企業排斥，缺乏資本或既有商業人脈管道，才有強烈動機自行找出路。

　　因此，我們不該認為企業家是靠著純粹的意志力及堅強性格而成功的聰穎個人，或是純粹夠幸運有天時地利的人，雖然，這些因素無疑有所幫助。企業家是成功的經濟與社會不可或缺的要素，他們也是經濟與社會的一部分，和經濟與社會密不可分。從教育到福利國家制度，政府的政策可以是助力或阻力，企業家是造就的，不是天生的。

一句話說企業家

把發明轉化為產品。

13 廠商／公司
Firms

在所有現代經濟體中，絕大部分私部門的產出是來自廠商（或公司，firms）——亦即公司、企業、合夥事業，或一些其他以營利為主的組織。雖然，從商店業主、醫生到農夫等等，許多人是自雇者，平均每五個工作者中只有不到一人是這類自雇者，他們的產出占經濟體總產出的比重更低。伴隨經濟發展，自雇者往往減少，愈來愈多人在公司任職。

為何會有公司的存在？資本主義必然涉及個人的營利動機，這有別於基於其他動機或機制的經濟制度，例如政府控管或利他主義。不過，在資本主義經濟中，多數經濟活動發生於主要靠非營利動機來激勵個人的組織裡。公司通常以「指揮與控管」形式運作，亦即有一個層級制度，高層做出決策，這些決策被層層下達。還有其他的運作機制，例如，重視共識的程度不一，決策可能由一個委員會決定，也可能更側重共識，讓一些員工

587	1908	2015	2016
日本建築公司金剛組（Kongo Gumi）創立，一直營運至2006年才被另一家公司接管。	通用汽車公司（General Motors）創立，後來成為舉世最大的公司，但在2009年破產。	全球最大的公司是沃爾瑪（Walmart），員工超過二百二十萬人。	全球最有價值的公司是蘋果，市值超過7,000億美元，但員工只有十一萬人。

參與決策。營利動機適用於整個公司層級，而非個人層級，但決定要不要工作的是個人本身。

那麼，為何不是所有人都自雇呢？依原理而言，任何經濟活動都能在所有參與者皆為自雇者的基礎上來進行，依據一套個人契約與機制來訂定價格與分享獲利；但實務上，這是不可能做到的，縱使在一個小公司裡也一樣。這是因為涉及了很多問題，例如，若我想要你在下星期的一場會議中推銷我的新產品，我該付你多少錢？新產品的獲利在扣除支付給那些實際生產它及銷售它的人的酬勞後，剩下的盈餘該如何分配？在一間公司裡，我們全都領取薪資，盈餘歸屬於此間公司的業主（可能是原始創辦人、股東、合夥人，有時，員工也是業主，但縱使員工是業主，盈餘的分配通常也和薪資區分開來）。

降低交易成本

因此，在公司裡組織與進行生產活動，可免去個人自雇下必須談判種種事務的價格的「交易成本」。公司也可以分攤風險：身為一名受雇的工作者，我的成功及我的工作飯碗不僅仰賴我本身的技能與運氣，也仰賴整個公司的技能與運氣。

「很多創業者討厭大公司，但是，既然你那麼討厭它們，你又為何試圖創立一個新公司？事實是，一個新創公司一旦獲致任何程度或形式的成功後，都將面臨大公司的問題。」

——美國企業家艾瑞克・萊斯（Eric Ries）

　　既然交易成本是如此糟糕的東西，為何我們不乾脆只有一個大公司來生產所有東西呢？至少有一派的社會主義經濟學是抱持這思維：若所有生產都由中央規劃，一定能生產出如同非集中式制度下的產出水準，且沒有交易成本。但是，這在實務上是行不通的，某些類型的交易提供的價格訊號很寶貴，可以為廠商提供人們實際想要什麼及看重什麼的資訊，也提供改進與創新的誘因。

　　不過，在幾乎全球各地都不再採行中央計劃經濟的同時，民營企業也製造出它們本身的問題。在一家由股東擁有的大公司裡，包括執行長、董事會、高階經理人、員工在內，近乎無人有誘因去把公司經營得盡可能效率與獲利最高，理論上，股東有最大誘因這麼做，但他們不直接經營此公司，且往往與公司的實際經營相隔甚遠。縱使透過契約（例如對管理高層提供優渥薪酬與分紅）來激勵提高公司的效率與獲利力，這些手段的害處往往不亞於好處，因為這類契約也無可避免地扭曲人們的行為（這又是交易成本！）。現實世界裡，公司的決策背後有多股驅動力，包括公司的利益及營利動機，個人私利，委員會及科層制度的運作方式，公司內部結構的習性。這不完美，但大多數時候行得通。

「現在，許多美國人靠著出租多餘的房間、設計一個網站，以及開自己的車提供共乘服務來追更多的錢，這種隨需或所謂的零工經濟創造令人興奮的機會，釋出創新，但也引發有關於職場保護及未來的好工作是什麼模樣的疑問。」

——希拉蕊・柯林頓（Hillary Clinton）

優步

計程車「公司」優步（Uber）是公司現代演進的著名例子，姑且不論其好壞。優步聲稱它不是傳統意義的公司，它只是一種「行動應用程式」，從法律上來說，它的司機不是受雇於它的員工，而是自雇的接案工作者，使用優步來尋找與聯繫顧客。新技術使以往得以更有效率地用公司模式來組織計程車司機的交易成本降低，這有其優點（為司機提供彈性與自由，為優步降低風險），但也有其壞處，優步司機沒有固定就業的保障，承擔所有風險，優步的顧客也沒什麼權益，因為就法律上而言，他們其實不是顧客。未來會出現更多像優步這樣的「公司」嗎？也許。這將解決這裡描述的固有矛盾與緊張嗎？大概不會。

因此，公司以及大部分市場活動在公司內進行的經濟體，必然涉及在各種組織形式的各種潛在利弊之間做出種種妥協與取捨，從而產生了各種公司規模與組織架構，這不僅是市場力量所致，也是其他經濟與社會力量造成的。跟教科書版的社會主義經濟一樣，教科書版的資本主義經濟不存在，也無法存在。

零工經濟與公司模式之死？

這些取捨也歷經時日而改變。1950年代和1960年代，大企業是美國及其他先進經濟體中的主流，威廉‧懷特（William Whyte）在其1956年出

版的《組織人》（*The Organization Man*）一書中，批評這導致服從及缺乏創造力，並提出「團體迷思」（groupthink）一詞。不過，近年，小型企業、新創公司及自雇模式快速成長，這往往被傳奇化〔我們全都聽過年輕人創立科技公司、二十幾歲就成為百萬或億萬富翁的故事，政治人物也愛談論「創業強國」（nation of entrepreneurs）〕，但真實情況絕非那麼美好。在英國，最普遍的自雇者職業是計程車司機和建築工，一些公司用「自雇」模式，把風險轉嫁給不再是員工身分的接案工作者：這是所謂的「零工經濟」（gig economy）。對一些較年輕、較彈性的工作者而言，這或許是很不錯的模式，但對多數人而言不是一個好的長期職涯選擇。

　　二、三十年後的公司會是什麼模樣，難以確知，但我的預測是，事實將會證明，「公司模式之死」和「零工經濟」的論點過於誇大了，公司業主及工作者將仍然想要契約提供的穩定保障，而非一次性關係；一些交易成本將降低，其他交易成本將提高。公司模式固然有其壞處，但仍將是應付真實世界市場的種種複雜與麻煩的主要機制。

一句話說廠商／公司

我們無法全都自雇。

14 銀行
Banks

某種形式的銀行已經存在了數千年，但現代形式的銀行出現於文藝復興時代義大利的富有貿易城市，不久之後，倫敦的金匠開始發行票據作為存款證明，他們再把這些存款借給借款人，這是銀行創造貨幣的現代角色的濫觴。

多數經濟學家認為現代銀行在經濟體系中扮演三個主要角色：儲蓄與投資的中介；在儲蓄與貸款的時間框架之間進行調和與安排；創造貨幣。

企業需要投資以求成長，一些企業能靠業主或創辦人的積蓄及後來的保留盈餘，自己提供這些資金，但多數企業必須在某個時點靠借錢來提供這些資金。另一方面，其他的資本擁有人（那些直接或間接擁有企業、取得獲利後不想再投資於此企業的人，或是所得大於支出而有儲蓄的人）想要賺取報酬。理論上，資本的買方與賣方可以雙邊談判借貸；實務上，銀行把這些談判集中化，它們匯集存款人的資本，評估潛在放款的風險。

借錢投資的公司想要長期貸款，好讓它們的投資有獲得報酬的更佳機會，但存款人通常想在需要使用他們的積蓄時，能夠立即或相當快地取用。若貸款是由資本的買賣雙方自行談判與交易，將很難滿足買賣雙方的這些需求，但銀行可以把短期存款匯集起來，做出長期放款。

最後，雖然紙幣與硬幣通常只能由國營的中央銀行（中央銀行其實不是這裡闡釋意義下的銀行，參見第16章）發行，大部分的貨幣並不是由中央銀行創造的，而是民營銀行創造的。銀行放款，這不僅僅是回收使用貨幣，也是藉著讓借款人提領現金或開支票，從而創造貨幣。借款人想要獲

得貸款，好讓他們能花用這筆錢，當他們花這些錢時，這些錢最終會流回銀行體系，形成一筆相應於原始貸款的新存款。

銀行是風險性事業

所有這些功能都是不可或缺的，但每種功能本身會創造風險，所有功能結合起來，創造的風險更大。銀行把存款與放款匯集起來，也是在匯集風險，保護放款人免於承受一個借款人無法償還的風險。但是，若多個借款人同時無法償還，銀行本身可能有破產的危險，危及它的所有存款人。借短放長使這個問題更惡化：若許多存款人同時想把錢提領出來，那麼，就算貸款人正常償還，銀行也可能無法應付這些提領，因為銀行不會讓所有存款閒置在那裡，這麼做就違背了銀行存在的目的了。這種情況很容易演變成一種自我應驗的預言，也就是所謂的「擠兌」：若我看到你很擔心而去銀行把你的錢提領出來，我會想，或許我也該這麼做。

因此，銀行面臨償付能力風險〔solvency risk：貸款（這是銀行的資本項目）的價值是否足以償付存款？〕，以及流動性風險（liquidity risk：會

西元前 4000—3000	1397	1695	1930 年代	2008
美索不達米亞文明出現原始形式的銀行活動。	麥迪奇銀行（Medici Bank）創立。	英格蘭銀行發行永久性紙幣。	在經濟大蕭條中，九千家美國銀行倒閉。	雷曼兄弟控股公司破產，導致全球金融危機。

不會同時有太多的存款人想取回他們的錢？）。這些風險不僅對銀行、個別存款人以及借款人很重要，對整個經濟也很重要，因為若一家大銀行破產，可能會衝擊整個經濟。

基於這些原因，銀行受到特殊的法律與監管制度，最重要的是，它們必須符合資本適足要求（capital requirements），根據最新版本的國際規範《巴塞爾協定 III》（Basel III），它們不能取得 100 元存款，就放款 100 元，必須有額外的 4.5 元資產是不能對外貸放的。因此，每貸放 100 元，銀行可以有 4.5 元的放款壞帳而不致陷入無力償付的危險。此外，為防止擠兌，多數國家有最基本形式的存款保險：萬一銀行破產，保障小額存款人可以取回他們的錢，這是由所有銀行集體提撥的基金來給付。銀行受到這些限制，但也換得一些特殊待遇作為回報，當某銀行陷入麻煩時，中央銀行通常會給予緊急貸款，極端情況下，政府會給予直接紓困。

這些交換──格外管制與格外援助，有時包括使用納稅人的錢──對我們其餘人有益嗎？這很難說，不過，對比大蕭條的經驗（美國及西歐有上萬家銀行倒閉），以及 2008 至 09 年的金融危機（透過紓困或接管，大多數銀行獲救），或許可以說是有益的。藉由防止銀行體系的完全瓦解，政府與監管當局或許聯手阻擋了這次的更嚴重蕭條，然而，這不會令人較能接受銀行高層逃避糟糕決策導致的惡果，換作其他產業發生這種事，將導致失業與破產。

「我真心認為，銀行機構比常備軍還危險，在『融資』的名義下花錢，並把債務留給後代，根本就是大規模詐欺後代。」

──湯瑪斯・哲斐遜（**Thomas Jefferson**）

西雅那銀行的興衰

世上最古老的銀行是1472年創立於義大利西雅那（Siena）的西雅那銀行（Banca Monte dei Paschi di Siena），它歷經西雅那共和國的滅亡而存活下來，抓住義大利統一帶來的商機，成為第一家提供房屋抵押貸款的義大利銀行。1990年代，義大利的公營銀行部分民營化後，西雅那銀行迅速擴張，但該銀行仍然受控於當地政治人物，被他們用來融資大量的地方社會福利及文化方案。2000年代初期，經過一波購併（往往是透過未出現於公開帳面上的融資），到了2007年，它已經成為義大利第三大銀行。全球金融危機爆發後，該銀行的虧損開始暴增，為彌補虧損，經營層和外國投資銀行建立衍生性金融商品交易，到了2012年，這些未呈報給會計師審查的衍生性金融商品的巨額虧損被發現，義大利政府陸續對該銀行紓困。2016年12月，西雅那銀行仍然受數百億歐元不良貸款所困，幸獲政府提供200億歐元紓困基金而免於倒閉。

影子銀行

　　愈來愈受到精細監管的銀行傳統角色在近年遭到新科技與金融創新的挑戰，那些實際上非銀行、但被稱為「影子銀行」（shadow banking）體系的機構，基本上能夠執行所有前述的銀行主要功能。P2P網路借貸（peer-to-peer lending）使用線上交易平台，直接媒合有積蓄者和需要融資的公司。可能由銀行管理、但沒有保險、也較不受嚴格監管的貨幣市場基金（money market funds）提供易於取得存款人的積蓄的便利性，避險基金（hedge funds）則是把投資人（通常是富有的投資人）的資本匯集起來。就連創造貨幣的壟斷角色（堪稱銀行體系的核心功能），也遭到比特幣（參見40頁）以及無疑將會問世的其他數位貨幣的挑戰。

　　銀行體系的未來難以預料，但其核心功能可能仍是必要，伴隨而來的固有風險也不太可能消失。因此，不論何種形式的銀行業務，可能在受到特殊監管及特殊優惠待遇上依舊與其他企業明顯有別。

一句話說銀行

能力愈強，責任愈大。

15 政府的角色
The role of government

自由市場資本主義的忠實信徒認為,政府的角色僅僅是作為公正的仲裁者,如同哲學家羅伯・諾齊克(Robert Nozick)所言,政府干預應該:「僅限於保護免於遭到暴力、盜竊、欺詐,以及確保契約執行等等的狹隘功能。」但在多數經濟學家(甚至包括認同市場導向架構的經濟學家在內)認為,這遠遠不夠。

在諾齊克的極端理想中,政府只提供一個法律和審判架構,以定義及執行資本主義經濟不可或缺的財產權,其餘任何的政府干預都是侵犯自由。但是,多數經濟學家認為,政府可以直接或間接地扮演一個有效率地提供很多其他功能的角色,這些是所謂的「公共財」(public goods),亦即所有或一大部分人口能夠獲益的服務,但難以或無法直接對這些服務索取費用,例如乾淨的空氣,維修良好的道路,以及較具爭議性的領域,例如基礎教育。

「我預期,若未來的美國人能防止政府在偽裝成照顧人民之下浪費他們的勞力,他們就能幸福。」

——湯瑪斯・哲斐遜

　　雖然，這兩派論點常被以中立形式提出，但實際上，它們一點也不中立。舉例而言，財產權的合法性程度取決於你的觀點，即主張的是什麼東西的權利，以及如何主張。英國及許多其他國家的土地，若追溯得夠遠，大都是歷史上的某個時候以蠻力或某個君主專制的高壓力量取得的（參見第2章），因此，難以想到有任何條理清晰一貫的推理能合理化目前的土地所有權型態。

　　這點不僅僅適用於過往，也不僅僅適用於土地。有關於智慧財產權的問題，例如專利期間，什麼東西能或不能申請專利，以及版權法，都是現代經濟中愈來愈重要的課題。應該讓公司能夠申請基因的專利嗎？應該讓一種救命藥物的發明人有多長期間享有索取任何他（她）想要的價格的專有權？這些問題沒有正確答案，但找到一個答案是政府的職責。

　　同理，除了國防、法紀等基本功能，什麼東西能構成真正的公共財，這也是經濟學家之間和更廣泛的人們熱議的一個疑問。教育既能使整個社會獲益，也使得個人與家庭受惠，它能算是公共財嗎？醫療保健和退休金的提供呢？這些疑問的答案既不明顯，也非價值中立，而且隨著時間改變。

1776	1789	1933	1944	1996
美國宣告獨立。	法國大革命。	富蘭克林・羅斯福掌政，推行「新政」（New Deal）。	布列敦森林會議為戰後先進經濟體的經濟管理制定基本規範。	比爾・柯林頓（Bill Clinton）宣布：「大政府時代結束」。

馬克思的觀點較具有諷刺意味，在他看來，在資本主義中，政府的角色就是做任何必要之事，以確保資本主義能繼續以照顧資本家利益的方式運作：

> 現代政府的行政官員純粹就是一個管理全資產階級的共同事務的委員會。

2008到09年的金融危機堪稱為馬克思的這種論點增添了說服力：碰上重大危機，幾乎不論什麼政治色彩的政府都相當願意對大銀行紓困或國營化，因為若不這麼做，整個銀行體系就會崩潰，對資本主義制度本身造成難以估計的損害性衝擊，更別提對大眾的衝擊了。

政府角色的變化

現實世界裡，資本主義經濟中的政府角色在各國有所不同，在各時代也有所不同。以政府涉入醫療保健的提供為例，在多數國家（美國是值得注意的例外），政府保障差不多全人口的醫療保健，但各國制度差異甚大。在英國，由國營保健機構提供免費保健服務，這些機構的員工大都是國營事業員工。在許多其他國家，醫療保健資金大都來自國家或由政府管

「寧願實踐博愛精神的政府偶爾犯錯，勝過冷漠無為的政府一貫地失職。」

——富蘭克林・羅斯福

理的社會保險，但保健服務通常由慈善機構或私部門提供。縱使在私部門為醫療保健體系主力的美國，窮人及老人的保險也是由稅收來提供。但很清楚的一點是，任何一個先進經濟體的政府都不能或不該把醫療保健的提供留給市場機制。

展望未來，各界對政府角色的看法非常分歧。有些人持續認為，科技變化使得政府提供服務的必要性愈來愈低。公共財的需要往往是因為缺乏資訊（例如，在醫療保健領域，消費者鮮少能夠對醫療保健服務提供者的判斷提出質疑），或是缺乏市場（例如缺乏退休金及其他福利的市場），但現在，比起福利國家制度問世時的年代，資訊更廣為可得且更便宜，金融與其他市場更成熟。例如，許多國家已經鼓勵更多私部門提供退休金。

另一方面，現代技術的複雜性及互依性提高，意味著政府在創新、技術進步與監管方面扮演的角色遠大於以往。從網際網路到全球資訊網，基礎與骨幹技術往往源於政府機構，誠如擁有義大利與美國雙重國籍的經濟學家瑪莉安娜‧馬祖卡托（Mariana Mazzucato）所言，就連iPhone這個廣受歡迎、非常賺錢的私部門產品，在其開發階段的許多時點都仰賴政府的干預。

此外，雖然傳統的福利國家制度在近年間承受很大壓力，但當初創造福利國家制度時本著以下的基本需求（若要資本主義這個經濟制度在政治上可長可久，政府就必須提供一個集體經濟安全保障的方法）依然強烈一如往昔，甚至可能更甚，因為科技的發展進步導致一些工作者愈來愈無保障。自由意志主義的「小政府」憧憬已經變得愈來愈遙遠了，這對於那些想要資本主義不僅只是理論、也在現實中實際可行的人來說，應該是件好事。

政府角色的擴大

伴隨經濟變得更加複雜與繁榮，政府的角色也擴大，政府支出占總體經濟的比重持續增加，偶爾因為戰爭而暴增。但在1970年代，這過程似乎趨緩，此後就不見明朗趨勢。一方面，在幾乎各國政府都扮演大角色的保健與教育產業，占經濟的比重愈來愈大，人口老化也意味著退休金成本增加。但另一方面，技術進步之下，一些以往必須由政府提供的公共財，如今已不再是公共財，例如郵政服務及電信服務現在愈來愈由私部門提供了。

英國政府總支出，1830至2016年

一句話說政府

政府在經濟發展中扮演重要角色。

16 中央銀行
Central banks

雖然，很多中央銀行起初是私人機構，但變成中央銀行之後，它們是完全不同於民營銀行的機構，有著非常不同的功能。中央銀行不向民營企業提供貸款，它們直接或間接控管這些錢的創造源頭，並藉由訂定利率，決定這些貸款的「價格」。

　　中央銀行逐步演變成為政府用以控制貨幣發行以為國家提供資金的一種手段，迄今仍然在監管金融制度上扮演重要角色。十七世紀末，第一家現代中央銀行英格蘭銀行創立，目的是幫助集資以提供貸款給政府，支應英法之間的諸多戰役，作為回報，英國政府授予它發行鈔票的權力。英格蘭銀行起初是一家私人銀行，歷經時日增加了其他功能，基本上變成了政府的一部分，後來則是被收歸國有。在多數國家採行某種形式的金本位制度下（亦即，原則上，需要時，鈔票可以轉換為黃金，參見第6章），中央銀行的主要功能是維持貨幣的價值，以及維持價格的穩定。

1694	1931	1971	1987	1999
英格蘭銀行創立。	英國放棄金本位制。	美國終結美元與黃金掛鉤，導致布列敦森林制度瓦解。	亞倫・葛林斯潘就任聯邦準備理事會主席。	歐洲中央銀行正式營運，推出歐元。

任務蔓生

但是，情況很快顯示，管理貨幣的職責無法和管理整個金融體系的職責區分開來。十九世紀時，不時發生金融危機與銀行擠兌，《經濟學人》（The Economist）的早期編輯華特・白芝浩（Walter Bagehot）闡釋一個理念：中央銀行能夠、也應該在發生金融恐慌時，藉由向民營銀行提供貸款來穩定金融體系，唯前提是確定貸款對象銀行的基本償付能力無虞。這意味的是，中央銀行必須監管民營銀行。在非戰爭時期，政府大都致力於平衡它們的預算，因此，中央銀行成為管理經濟的要角。

但是，大蕭條和金本位制的瓦解對此帶來巨大挑戰，事實上，這些情勢顯示，維持金融體系與總體經濟穩定性和金本位制無法相容。在大蕭條之下，政府迫切需要透過降低利率水準及貨幣貶值來刺激經濟復甦，而那些放棄金本位制的國家（例如英國在1931年放棄金本位制）的確比未放棄金本位制的國家（例如法國試圖盡可能延長金本位制）更快復甦。

在二戰後的凱因斯經濟學年代（參見第28章），中央銀行失去它們的許多經濟管理職責，匯率由布列敦森林制度管理，政治人物使用財政政策（稅賦與政府支出）來操縱與調節經濟，使用所得政策或控制物價來抑制通貨膨脹（通膨指的是經濟體系裡的物價水準普遍上漲）。這方法雖在1950年代和1960年代促成穩定與成長，但到了1970年代卻不管用了，通膨不斷加劇，完全失控。

布列敦森林制度

1944年7月，二戰戰火仍旺，同盟國的國家代表在新罕布夏州的布列敦森林集會，尋求為戰後的國際經濟關係建立框架。凱因斯代表英國，美國的代表是哈利·德克斯特·懷特（Harry Dexter White），他也是布列敦森林制的主要建構者。布列敦制度制定固定、但可調的匯率（這是由美元與黃金的轉換率作為基礎），旨在避免戰前金本位制造成的缺乏彈性，以及金本位制崩潰後造成的不穩定性。大體而言，這制度確實在這方面做得成功，為戰後的經濟快速成長提供了支柱之一。但是，1970年代初期，美國國內的嚴重通膨及海外的越戰損及美國的政治與經濟霸權地位，布列敦森林制度最終瓦解。

傅利曼與貨幣學派

　　米爾頓·傅利曼及其後繼者為現代中央銀行時代提供了智識基礎。首先，傅利曼認為，中央銀行官員以及特別是聯邦準備理事會應該對經濟大蕭條負起大部分責任，因為他們讓貨幣供給（一個經濟體系內流通的貨幣數量）崩潰。其次，他認為，試圖透過財政政策來管理需求是一個錯誤，總體經濟的管理應該瞄準維持物價穩定，或至少維持低且穩定的通膨率，最能達成這個的手段是使用利率來確保貨幣供給的成長緩慢且相當穩定。傅利曼的名言：「通貨膨脹在何時何地都是一種貨幣現象」開啟了名為「貨幣學派」（monetarism，或譯貨幣主義）的方法。

中央銀行接下控管權

因此，1970年代和1980年代，總體經濟的控管權大致上從民選政治人物轉回給中央銀行，控制所得與物價的政策被漸漸棄用，財政政策不再被視為管理需求的可靠有效手段，貨幣政策再度掛帥。由保羅・沃克（Paul Volcker）擔任主席的聯邦準備理事會大幅調高利率（升息），終於成功降低通膨率。但是，原始貨幣學派在理論及實務上很快就被丟棄：情況很快顯示，瞄準貨幣供給並不是很實用的控制通膨的方法，因為貨幣有很多種可能的定義，一旦瞄準某種定義的貨幣，似乎就停止了藉由調控貨幣供給來控制通膨的功效。

「新古典」（new classical）或「新凱因斯學派」（new Keynesian）經濟學更聚焦於預期（個人及廠商對物價與工資的預期）的重要性及政策制定者的可信度，這使得中央銀行官員的權力變得更大：為確保他們保持低通膨的承諾為人們採信，必須讓他們獨立於民選政治人物之外，超然而具有公信力。「預期」的重要性指的是，不僅中央銀行官員的作為（亦即訂定利率）有影響性，他們的言談也有影響性 —— 他們所說的話會影響個人及公司對物價和工資的預期。

「2000年代，多數中央銀行官員未能指出、或甚至未能認識到銀行體系風險的堆高，但諷刺的是，危機中及危機過後，中央銀行的權力變得更大了。」

—— 《金融時報》（*Financial Times*）

貨幣就是力量

現今全球經濟中影響力最大的人是誰？不是美國總統，儘管他的政治權力極大，美國的財政政策或貨幣政策都不是操於他手。多數經濟學家應該會毫不猶豫地回答：是現任美國聯邦準備理事會主席，居次的是歐洲中央銀行總裁。1987至2006年的美國聯邦準備理事會主席亞倫・葛林斯潘（Alan Greenspan），因為在他任期內的長期經濟穩定與成長而甚獲好評。但也有人咎責他任內積累許多問題，導致卸任不久後爆發金融危機。

　　2008至09年金融危機爆發前，中央銀行官員對總體經濟政策握有不受到質疑與挑戰的主導權，但在此同時，他們的工作看來不是特別難，只是訂定利率水準，以使物價穩定。但金融危機改變這一切，不僅財政政策又重回舞台，而且，在利率已經下滑至零或接近零之下，中央銀行被迫考慮在穩定年代難以想像的政策——直接購買政府債券〔所謂的「量化寬鬆」（quantitative easing）〕，或直接印鈔票，發放現金給民眾〔所謂的「直升機撒錢」（helicopter money）〕。2012年，時任歐洲中央銀行總裁的馬里奧・德拉吉（Mario Draghi）甚至還得承諾「不惜一切代價」地拯救歐元、甚或整個歐盟，他所謂的「不惜一切代價」，究竟是什麼意思，沒人清楚，但似乎是奏效了。

　　金融危機過後，中央銀行面臨一個困境：它們比以往更加肩負確保經濟穩定與避免危機的責任（尤其在歐元區，這引發有關於民主課責的疑

問），但在利率水準接近零、而且其他政策也顯然無效之下，它們可能已經沒有可用的工具，萬能中央銀行的形象不太可能熬得過另一次危機。

一句話說中央銀行

中央銀行權力很大，但它們不是真正的銀行。

17 工會
Trade unions

工會基本上是與資本家對立、與市場對立的組織嗎？亞當‧斯密闡述了至今仍是經典教科書的觀點：「勞工想盡可能賺更多，雇主想盡可能支付更少，前者傾向團結起來，以提高勞工工資，後者傾向聯合起來，以降低勞工工資。」

　　雖然，原則上，亞當‧斯密不贊成對市場機制做出任何干預，但他基本上是同情勞工的。他的《國富論》撰寫於十八世紀後葉，他觀察到，在他那個年代，雇主或資本家聯合起來降低工資的情形既普遍，對社會的傷害也比任何工會遠大得多。因此，比起擔心勞工待遇高，侵蝕了資方獲利，他更擔心資方犧牲勞工待遇，牟得太高獲利。

勞工的抗爭

　　但英國政府不這麼想，英國政府認為工會是個大威脅（這一點也不出奇，在當時，只有較富有者能投票，因此，國會代表的是雇主與地主的利益）。1799年制定的《聯合法》（*Combination Act*）及後續的相關法律實質上禁止組織工會，還拿亞當‧斯密的理論來合理化這些法律，但實際目的是為了降低新的勞工階級的經濟與政治力量。這不僅限於工業勞工，因為加入一個工會而遭到審判、定罪、放逐至澳洲的托爾普朵烈士（Tolpuddle Martyrs）是農工。

　　十九世紀，英國領薪勞工長期在街上及國會前抗爭，尋求勞工自行組織的權利。許多其他國家也出現相同的抗爭，有時很平和，有時是激烈抗爭。到了十九世紀末，在多數工業國家，工會已經或多或少地合法了。但是，在許多國家，工會運動分為兩派，一派認為工會運動的主要角色僅限於在既有經濟制度下，爭取提高工資及改善工作條件；另一派認為，工會運動只是一個踏腳石，追求邁向更根本的經濟與政治制度變革，最終由勞工當家作主。

　　大抵而言，這紛爭的化解最終傾向前者。在二戰後的歐洲及美國，工會雖仍保留對全面社會主義一些形式上的信奉，實質上已經變成一種混合式、但基本上仍然屬於資本主義制度的一部分。在許多國家，工會在經濟治理中扮演重要的正式或非正式角色，例如，在法國，工會在保健制度中扮演要角，在德國，工會參與公司董事會。在歐盟及其一些成員國，工會以及其他的員工組織被正式承認為「社會夥伴」。在許多國家，工會也對社會民主政黨提供資金及組織性質的支持。

1790 年代	1799	1834	1888	1981	1984—85
費城製鞋工人成立美國的第一個工會，接下來發生了幾次罷工。	英國制定《聯合法》，禁止勞工聯合起來爭取提高工資等等，實質上就是宣布工會組織在英國是違法的。	托爾普朵烈士（英格蘭托爾普朵村的六名農工）被放逐至澳洲。	火柴工人在倫敦發起罷工。	波蘭共產黨政府實施戒嚴，以鎮壓團結工聯運動。	礦工大罷工運動失敗，預示工會力量在英國的終結。

工會的式微

　　但是，在先進經濟體，工會的經濟與政治力量在1970年代達到高峰，之後就開始急遽下滑。這有部分是因為工會運動做得太過頭而引發的反彈，例如，1978至79年間，英國爆發「不滿之冬」（Winter of Discontent），公部門的工會發起一連串罷工行動，嚴重癱瘓公共服務，影響民生，引發民眾反感，最終使得瑪格麗特・柴契爾（Margaret Thatcher）領導的保守黨在1979年大選中獲勝。接下來，英國政府採取一連串措施，制約及削弱工會力量，1985年的礦工大罷工運動失敗收場，工會運動從此在英國走向式微。

　　不過，儘管有這些與政府的衝突，工會式微主要還是更廣泛的經濟變化所導致。從工業或製造業為主的經濟轉變為服務業為主的經濟，工作場所變小，女性勞動力增大，人們的工作性質更多樣化，這些改變意味著愈來愈少工作者符合舊式工會員工的形象，即在生產線上工作的技術性男性勞工。於是，工會被視為主要是捍衛那些式微中的產業或公部門中愈來愈減少的工作者的利益，也被視為經濟進步的阻礙。此後，在多數國家，隸屬工會的工作者比例急遽下滑，現在，美國私部門的工作者中隸屬工會者不到7%，工會的政治與經濟力量也顯著降低。

「勞工運動不會削弱國家的力量，反而會增強國家的力量。勞工提高了無數人的生活水準，勞工奇蹟般為產業創造市場，把整個國家提升至夢想不到的產出水準。那些抨擊勞工的人忘卻這些簡單的事實，但歷史會記得他們。」

——馬丁・路德・金恩（**Martin Luther King**）

社會主義國家的工會

很諷刺地，在一些工會支持下，共產黨取得政權的國家，工會角色卻明顯縮減。畢竟，一旦國家或「人民」成為業主，還需要工會去降低擁有生產工具的資本主義業主的剝削嗎？在共產主義國家，工會通常被當成執政黨屬下的一個部門，其主要功能是向工廠基層勞工傳達黨的目標。當勞工想要真正能代表他們的利益的工會，並組織獨立的工會時 ——例如波蘭格但斯克（Gdansk）造船廠的工人創立的團結工聯（Solidarity），他們立刻就和共產黨政府爆發政治衝突。

現代挑戰

那麼，工會的未來會如何呢？經濟研究顯示，過去四十年，在多數先進國家，工會會員數量的巨減伴隨貧富不均現象的升高並非巧合。其實，在社會均等程度較高的許多北歐國家工會會員數量仍高。如今，不均問題躍上政治議程，這應該是個機會：受到全球化、金融業稱霸，以及非技術勞工工資壓力等衝擊最大的那些工作者，往往是過去數十年仰賴工會代表他們的利益的工作者。

但是，工會在以往幫助減輕貧富不均，並不代表它們在未來也能做到這點。在一些國家，工會試圖擴增會員，在傳統的男性勞工階級以外，把

觸角延伸至女性工作者、移民工作者，以及服務業的低薪工作者，但截至目前為止，這擴張行動的成效很有限。在此同時，在許多國家，向來與工會有強烈的財務與組織關聯性的社會民主政黨處於退縮之勢。

　　工會真正的挑戰，似乎是設法吸引那些成長中的產業以及工作型態改變中的產業裡的工作者，認為加入工會有必要性，也有實際效益，例如，對於那些簽立「暫時雇約」或「零工時契約」（zero-hours contract，譯註：指雇主沒有義務向雇員提供最低工作時數的契約）的工作者、自雇者，或能夠輕易地把工作轉移至工資成本較低地區的多國籍企業的員工，工會能夠提供什麼服務以吸引他們加入工會呢？工會的未來在於嘗試重建集體談判與集體行動，以謀求改善酬勞及工作條件，抑或提供不同類型的工作者新型態的服務呢？亞當‧斯密指出的剝削問題並未消失，但至少截至目前為止，工會還沒有找到對付現代形式的剝削的解方。

一句話說工會

誰將維護與支持工作者？

第 3 部

金融與金融市場

FINANCE AND FINANCIAL MARKETS

18 股票市場
Stock markets

股票市場是企業所有權與控管權的市場，它們讓原業主或創辦人募集更多資金以用於新投資，讓企業能夠擴張與成長，但不論是好是壞，這也意味著放棄公司的經營管理與方向的部分掌控權，以及部分的公司未來獲利。

最早的股市在現代紀元初期誕生於歐洲，原先作為商品與債務交易地的交易所，但後來變成可以買賣合股公司／股份公司（joint stock company，股東持股擁有、而非僅為創辦人擁有的公司）的場所。第一個正式的證券交易所是荷蘭東印度公司（Dutch East India Company）創立於1602年的阿姆斯特丹證券交易所，第一筆正式在股票交易所買賣的股份也是荷蘭東印度公司的股份。接下來兩世紀，伴隨股份公司模式的普及，股票市場也普及了。

在資本主義經濟中，股市直接執行兩個重要功能。它們讓公司藉由向大眾發行與出售股份，募集資本以供投資之用，它們讓購買了這些股份的投資人可以再出售這些持股。這意味的是，投資人不會被永遠鎖入一家特定公司（這可能使他們更願意投資），也讓起初未購買公司股份的人可以在日後購買。

「我不知道股市走向，但我會這麼說：若它持續走高，這將比我們現今談論的任何東西或其他人談論的任何東西更能刺激經濟。」

——亞倫・葛林斯潘

　　但是，歷經時日，第一個功能的重要性降低。現在，初創階段的公司大都在未發行公開上市股票之下，透過舉債方式及私人投資者（私募基金或創投公司）那裡籌募初始投資資本，日後，當公司創辦人或初始投資人想要出售部分持股以換取現金，或使用股份作為收購其他公司的一種貨幣時，才會掛牌上市。

　　那麼，既然股市現在已經不是公司募集資本的主要管道了，股市現在的經濟功能是什麼呢？事實上，股市的前述功能現在更為間接。雖然，股市讓小額投資人（以及為他們代理投資者，例如退休基金）得以購買公司股份，但這通常是從那些為公司提供初始投資資本者的手中買下股份，並不是直接向公司提供新資本。此外，由於股市是公開的，有許多買方與賣方，這提供了透明的供需指標，乃至於任何一個時點的股票市價。

公司控管權市場

　　股份的次級交易不會直接影響公司本身的營運——畢竟，這些錢並未進入公司口袋以供新投資；可能影響到實體經濟（好影響或壞影響）的

1602	1720	1929	2000	2010
阿姆斯特丹證券交易所創立。	英國股票的「南海泡沫」（South Sea Bubble）破滅。	華爾街崩盤導致大蕭條開始。	美國線上以1,640億美元收購時代華納（Time Warner），為史上最大宗敵意購併。	美國股市發生「閃崩」事件，大盤在短短幾分鐘內跌了10%。

> ### 交易的兩邊
>
> 居住在德國杜塞道夫市（Dusseldorf）附近的一名牙醫觀察中東情勢，研判石油價格將會上漲，決定從她的積蓄中拿出幾千歐元，投資一家總部位於荷蘭海牙的國際石油公司。她在家中的電腦上做這些操作，在此同時，位於印度的一台伺服器上的電腦程式從至少一千筆交易中辨識出一種數字模式，然後向位於紐約的一家銀行發送出售這家石油公司股份的電子訊息（外加幾千條其他指令）。幾毫秒後，這家石油公司的一小部分股權便從那家銀行轉移給那名牙醫。

是所謂的「公司控管權市場」（market for corporate control）。一家公司若經營績效不錯，其股價會上漲；若公司經營績效差，其股價會下跌，這下跌可能反映的是公司及其經營管理團隊無能為力之事，也可能反映其經營管理團隊的能力差或未能把握與利用新機會。若為後者，那就存在賺錢的機會：另一家公司或一群投資人可以趁著低股價，買進足以控管這家公司的股權比例，換掉原經營管理團隊，採行更賺錢的策略。因此，股市讓公司能夠接管彼此或合併，或是讓激進投資人（activist investors）能夠換掉公司的經營管理者。原理上，這可以為投資人增加獲利，使經濟變得更有效率。

但是，股市並不是完全效率市場（參見第21章），公司控管市場也不是完全效率市場，股價未必充分反映一家公司的長期前景，一些接管並未促成公司績效改善，而是造成資產剝離（asset-stripping）。對股市近利主義（short-termism）的抨擊大致上反映了一個觀點：由股市供需決定的股價只

反映了公司的短期獲利表現，因此，害怕被接管的心理可能導致公司管理層承受必須使短期獲利最大化的極大壓力，從而犧牲可能最符合公司利益及整個經濟體利益的較長期投資計劃。

這批評或許有些道理，而且，的確有接管後導致公司、其員工、及其顧客反而蒙受更差結果的案例。但是，資本主義最基本的概念莫過於這個：願意為某個東西支付最高價格的人，是那些願意對這東西做出最佳利用或至少最高報酬利用的人。

光速博弈

過去十年，透過電腦系統的股票交易巨增，在各大證券交易所，這類交易通常占多數。很多這類交易只是試圖利用細微的股價波動來賺取價差，沒有明顯的經濟目的，當然更與上文提到的股市基本功能沒有直接關係，也不同於前述那位牙醫的交易目的。為這類「高頻交易」（high-frequency trading）以及促成它的電腦運算法做出辯護的支持者說，這類交易產生的更多交易量提高流動性（亦即交易的容易度與成本），使真正的投資人（例如前述那位牙醫，或你的退休基金）受惠，最終使得公司更容易籌募資本。

「股票交易每天對許多投資做出重新估值，這些重新估值為個人（但非整個社會）提供經常修正他的投資的機會。這就好比一個農夫……能夠在早上十點至十一點之間決定把他的資本撤出農業事業，那週稍後再重新考慮是否重返這個事業。」

──凱因斯

　　這論點的證據有肯定、有否定，尚不明確，但可以確定的一點是，在過去幾年間，支配力提高的高頻交易已經導致股市的不穩定性增高。2010年發生的「閃崩」（Flash Crash，一或多套演算法刻意或意外地出錯而導致）事件，導致美國股市在短短幾分鐘下跌10%，還有其他類似、但較小的事件。截至目前為止，這些事件沒有造成重大的永久性或系統性傷害，但在一些證券市場的過半數交易是由演算法執行之下，很難相信目前的系統永遠撐得住。

　　所以，股市的未來會如何呢？將由電腦全面接管，抑或我們將找到方法，使它們重回它們的原始功能——讓公司募集用於投資的資本？現下存在股市將逐漸與實體經濟脫節的風險，這對資本主義而言並非好事。

一句話說股票市場

取得公司控管權的市場。

19 金融體系
The financial system

金融體系的存在把資本從儲蓄者手中輸往生產性投資，這是透過銀行——銀行把儲蓄者的存款借貸給企業家及企業；以及透過股市——企業家出售股份以募集資金。

上述前言是簡單版本，現今的金融體系遠遠複雜得多了，不只有銀行及股市，還包括保險公司、退休基金、房貸市場，以及整個被稱為「影子銀行」的體系（泛指把錢從出借人手上導向借款人的非銀行金融中介，參見第14章）。

金融體系龐大且舉足輕重

這些種種市場結合起來很龐大，比它們融資的經濟活動還要龐大得多。舉例而言，外匯市場的原始目的是為國際貿易提供融資，但現在，這些市場的每日交易額超過5兆美元，為貨物及服務的國際貿易額近一百倍。用一些指標來衡量，其他市場更大，例如，衍生性金融商品的價值取

「當一個國家的資本發展成一種賭場活動的副產品時，很可能是當局沒把監管工作做好。」

——凱因斯

決於其他東西的價值，它們包括期貨及選擇權，這些基本上是賭某個東西（例如石油）的價格將上漲或小跌；信用違約交換（credit default swaps）則是為公司或政府的債務償還信用提供一種保險，利率交換（interest rate swaps）讓銀行或公司管理它們在未來利率變動方面的曝險（或是賭未來利率上升或下跌）。

衍生性金融商品的本質是它們可以近乎無限地創造，因此，其價值可以遠超過其目的資產的價值。2015年時，流通在外的衍生性金融商品契約的名目價值超過半個千兆美元（quadrillion，10^{15}），數倍於全球GDP，這交易中有大部分（尤其是股市及外匯市場）不是由人執行的，而是電腦演算法執行的。

為何金融體系的規模與範疇會如此驚人地成長呢？這是資本主義的一種自然發展，反映財金流向生產性投資的重要性嗎？抑或這是一種危險的轉移，會傷害實體經濟？概括而言，有兩種觀點。

1602	1650	1720	1929 年	2008—09
阿姆斯特丹證券交易所創立。	最早有記載的期貨合約（稻米期貨合約，出現在日本）。	「南海泡沫」破滅。	華爾街崩盤。	全球金融危機。

第一種觀點：只是另一個市場⋯⋯

第一種觀點是，跟任何其他合法市場一樣，新的金融市場的創造與擴張是對需求的良性反應。保險市場讓人們能夠為風險投保，退休基金讓人們能夠為他們的退休生活存錢。衍生性金融商品大都只是另一種形式的保險，航空公司可以購買石油期貨，以免萬一油價上漲，可能導致它們破產；銀行可以使用利率交換來為未來的利率波動避險，這讓它們能夠為購屋者提供固定利率的房貸。這一切有助於確保金錢流向報酬最高的投資（這讓儲蓄者及企業都獲益），並使風險在體系裡分散至最能承受的人身上。的確，一些市場上的交易量巨大（且其中很大部分是短期、由電腦執行的交易），但這同樣也是有用途的：透過提供流動性（這意味的是，市場上總是有買方和賣方），這為所有人降低成本，最終使消費者獲益。這觀點認為，跟其他產業一樣，金融業並無「正確」的規模，規模由供需決定。

第二種觀點：實體經濟的寄生蟲

另一種觀點是，理應為實體經濟服務的金融經濟，已經變成實體經濟的主人了。換言之，當金融經濟本身變成一個目的，市場上的多數人與機構從事這些交易是為了從中賺錢，而非投資於生產性活動時，實體經濟將受害。沒有理由相信，外匯市場上的龐大交易量會使廠商更容易進行跨國貿易，但卻會造成貨幣突然、投機性的震盪，這對從事跨國貿易的廠商不利。股市中使用電腦演算法執行的交易可能只會產生一些很微小的流動性增加及交易成本降低，但這類交易幾乎不會鼓勵實體經濟中的長期投資。

現在的金融體系到底有多複雜？

2008至09年金融危機最火熱之時，我們這些在英國政府裡任職的人必須快速評估英國的大銀行狀態。這些銀行從事零售銀行業務（提供一般的活期存款及儲蓄存款帳戶，向購屋者及公司提供貸款）、投資銀行業務與交易，有時也提供理財服務，我天真地以為它們的公司架構會反映這個：一家控股公司，每項主力業務屬於一家子公司。但是，我發現，一家銀行其實是由幾千個不同的法人機構構成，多數設於境外司法管轄區如開曼群島（Cayman Islands）或澤西島（Jersey），有些專門服務個人交易，有些則是子公司的子公司，無疑地，每個法人機構的設立與存在是基於或多或少的正當理由（通常是跟稅賦有關）。但這令我禁不住想，任何想要評估銀行「風險程度」的人（不管是監管人員，還是這銀行的高階主管），實際上根本不可能做到。十年過去了，這種情形有改變嗎？所幸，在這方面，改變還滿多的：銀行的確對它們的組織架構做出了很大改變。但是，管理高層、監管者或政策制定者之中，真的有人了解銀行內部情形嗎？我不認為。

「現在的金融體系集中於銀行的風險較低，這可能使得爆發系統性金融危機的風險低於以往以銀行為中心的金融體系。」

——歐巴馬總統任內財政部長提摩西‧蓋特納（Timothy Geithner），

2006年5月

金融業從業人員的薪酬在過去二十年間暴增，並且與他們創造的實體經濟價值完全不成比例。

在支持這觀點的人看來，2008至09年的金融危機就是一個證明。美國的大量次級房貸貸款人違約，導致次級房貸債權證券〔金融機構把這些次級房貸債權打包起來，予以證券化，成為「擔保債權憑證」（Collateralized Debt Obligations）後出售〕的價值劇跌，引發金融機構破產或重創的連鎖反應，以及對整個金融體系的信心喪失。這場危機顯示，衍生性金融商品並未把風險分散，風險仍然較少分攤給那些最能承受者，反而是轉移給那些太無知或太愚昧而不知道他們買了什麼東西的人。結果，金融體系並沒有變得更安全，而這意味的是，較小的問題可能快速擴大、蔓延。

縱使是不完全支持這種更負面觀點的人，這場危機也讓他們看出金融體系目前的結構需要改革——增加監管，禁止公司或其他金融機構銷售奇特的衍生性金融商品給不了解它們的人，使銀行握有更多資本，以防範意想不到的損失，或是停止用納稅人的錢來補貼「大到不能倒」的銀行。不過，那場金融危機已經過去約十年了，或許，最值得注意的是，情況並沒什麼改變。雖然增加了很多監管（結果使得金融業及監管機構增加了許多職務），但看不出還有什麼其他改變，交易量又重回危機前的水準，銀行家的薪酬也是。銀行是握有了更多資本，但影子銀行體系比以前更大了。不論是政治抑或經濟原因使然，徹底改革似乎非我們力所能及，所以，別打賭不會再來一次金融危機。

一句話說金融體系

金融體系不只是一個市場。

20 有限責任
Limited liability

多數大型公司是「有限責任」（limited liability）公司，亦即若公司無法償還其債務，業主與經理人個人不對此肩負責任，可以一走了之。這種公司結構有其缺點，但也在促使資本主義經濟得以運作方面扮演一個重要角色。

資本主義概念少不了願意拿個人的財富與聲譽來冒險的英勇創業者，但是，我們全都知道，雖然許多企業一開始是由一個人、一個家族或幾個合夥人擁有與控管，但絕大多數的大企業是公司。

公司使個人風險有限

這有好理由：有一點很弔詭，雖然，資本主義少不了冒險，但使現代資本主義得以運行的關鍵發明之一是限制風險。在「公司」這種組織問世前，想要做生意的人必須拿自己的個人財富來冒險，若生意出了問題，他們個人得對任何及所有的債務負責，若他們無力償還，他們個人就會破產。不意外地，這使得人們對風險性事業很謹慎，銀行也很謹慎於借錢給他們。

還有另一個不利之處：若一個事業需要的資本多於一個人能提供或借到的資本，就必須建立一個合夥事業，但是，合夥人個人仍然得對這事業的債務負責，因此，除非合夥人值得信賴，且對彼此有信心，否則行不通。這對事業的擴張速度及成長潛力構成了自然的限制。

有限責任

　　有限責任或合股公司的發明，解決了這些問題，其中的關鍵突破是這個概念：一家公司可以有一個法律「人格」，與其業主或股東的法律人格區分開來。這麼一來，所有權（股份）就可以被買賣，潛在上把公司管理階層和其所有權區分開來，因而更容易擴大公司的資本來源。這也使得可以達到有限責任，亦即公司業主對於公司的債務責任以他們對公司的投資金額為上限，因此，公司破產時，其業主未必隨之破產。

　　最早在經濟上重要的合股公司是殖民時代早期為了融資國際貿易而設立的公司 —— 那些需要很多起始資本、且風險很高的企業，這其中最著名的當屬1600年女王伊莉莎白一世時期皇家特許設立的貿易壟斷企業英國東印度公司（British East India Company）。其實，英國東印度公司介於公司和政府扶植的殖民事業之間，但為私人擁有與管理。不過，隨後創立的荷蘭東印度公司遠遠更像一家現代公司，其股份可以買賣，且責任有限。

　　儘管如此，當時仍然存在很多僅有一名業主的獨資企業，合股公司成為法律形式企業主流是在工業革命開始後，需要一種方法來為工廠的資

1600	1844	1999	2010	2015
英國東印度公司創立。	《合股公司法》容許成立有限責任公司。	高盛集團（Gold-man Sachs）開始從一家合夥事業轉變為一家公開上市公司。	美國最高法院裁定企業有言論自由。	全球最大的公司是沃爾瑪，員工超過二百二十萬人。

莎士比亞劇作提供的一個啟示

以全盛時期作為世界貿易中心的城市威尼斯為背景的莎士比亞劇作《威尼斯商人》（*Merchant of Venice*）例示當時貿易涉及的風險，以及無限責任的壞處。威尼斯商人安東尼奧必須向夏洛克借錢以融資他的事業，雖然，借錢條件很優惠（事實上，這筆借款是免利息），但提出的保證是，若安東尼奧無力償還，必須割下身上的一磅肉給夏洛特抵債。若安多尼奧當時把他的事業設立成威尼斯進出口有限公司、並且把部分股份出售給私人投資者的話，或許就能避免後來發生的不愉快情事了。

公司是人嗎？

2012年代表共和黨競選美國總統的米特・羅姆尼（Mitt Romney）在2011年黨內初選時說過一句很有名的話：「公司也是人」，而美國最高法院也贊同這觀點，在2010年時裁定公司的言論自由權受到美國憲法的保護。這裡必須為羅姆尼說句公道話，經濟學家也經常提出他在此試圖闡述的論點——最終，公司有股東，因此，對企業課徵的稅，最終得由個人支付。不過，學界和社會普遍認為，力量與財富集中於大公司可能會扭曲經濟與政治進程。事實上，公司雖是一種法律擬制，但他們跟人一樣，有自己的文化，自己的利益、亦即自己的目的，這未必是好事。

本投資取得融資。在英國，1844年及1856年的《合股公司法》（*Joint Stock Company Act*）准許任何人設立這種公司，並提供有限責任。此後，多數國家跟進，推出相似的法規。

　　現在，絕大部分私人企業部門的商業活動由有限公司營運，但它們的股份未必公開交易。當然，許多人是自雇者，但有限公司的優點意味著，一旦事業在開始成長，其業主通常會尋求把它變成一個公司，少有雇員超過幾個人的企業有無限責任。

缺點及別的選擇

　　不過，有限責任也有缺點，包括公司形式方面及有限責任本身的缺點。就那些有形資產很少的事業而言，擁有這些事業的股份可能風險相當高。很多提供商業服務的廠商，例如律師事務所及會計師事務所，它們的主要資產是員工的知識、經驗及客戶群，因此，你若擁有其股份，必須是那些員工仍在職，這些股份才有價值，但實際上，很難把員工跟一家公司綁在一起。基於這原因，多數這類公司仍然組織成合夥事業，而非公司，以使重要的個別員工仍然有自己的資本投資於這事業，且不能輕易出售股份給他人。因此可以看出，隨著物質資本（例如機器及其他固定資產）的重要性降低，工作者的技能與知識的重要性升高，合夥事業將再度變成一種愈來愈普遍的所有權模式。

「曾經，公司在我們的商業中占的比重不大，但現在卻是主要成分，多數人任職公司。」

　　　　　　　　　　——美國第二十八任總統伍德羅・威爾遜（Woodrow Wilson）

　　另一個問題是，雖然，有限責任的原始目的就是要鼓勵夢想，但是，過猶不及，尤其是在金融業。2008至09年金融危機爆發前，一些銀行玩很大的賭博，只要那些賭博還算明智，股東確實很賺錢（銀行員工的薪酬也很優渥）。但是，當情況變得非常糟時，在有限責任下，股東只會損失他們的投資額（雖然，在一些情況下，損失遠大得多），反而是借錢給銀行的那些人（在許多情況下，還有政府及納稅人）買單。因此，一些人認為，未來，應該要求許多金融業者——尤其是那些從事高風險交易活動者——不那麼像合股公司，應該更像合夥事業，那些重要、領取高薪酬的員工應該是部分業主，對他們冒的風險承擔責任。

一句話說有限責任

限制風險的有限責任組織類型
使公司容許冒險。

21 效率市場
Efficient markets

效率市場假說（efficient markets hypothesis）：資產價格充分反映了所有公開可得的資訊，一獲得新資訊，它們就會快速做出調整。這個假說有深層含義：根據這假說，不可能在市場波動中找到系統化的模式，因此，股價的「技術分析」的科學根據跟占星術的科學根據差不多。

效率市場假說建基於奧地利經濟學家弗里德里希·海耶克（Friedrich Hayek）的一個論點：市場的功能之一是匯集分散的資訊，金融市場參與者根據他們的資訊與信念來交易，這決定了市場價格，因此，市場價格將反映市場參與者可得的所有資訊。

1970	1975	1987	2006—08
經濟學家尤金·法瑪提出效率市場假說。	先鋒集團（Vanguard Group）創立，向投資人銷售「指數型基金」（index funds）。先鋒集團目前是美國最大的共同基金公司。	1987年10月19日星期一，美國股市重挫超過20%，被稱為「黑色星期一」（Black Monday），但股市相當快就反彈。	美國的次級房貸違約潮導致雷曼兄弟控股公司破產以及全球金融危機。

> ### 諾貝爾經濟學獎得主
>
> 只有在經濟學領域，才會有兩個因為提出完全相反論點的人同時獲得諾貝爾獎。2013年諾貝爾經濟學獎得主有三人，其中兩人為羅伯・席勒（Robert Shiller）和尤金・法瑪（Eugene Fama），但這兩人的論點再相反不過了。法瑪因為提出效率市場假說而聞名，席勒則是認為市場經常不理性，他說，相信市場是理性的，這是：「經濟思想史上最明顯的錯誤之一。」

你贏不了大盤

　　效率市場假說的邏輯結論是，股價變動將呈現統計學家稱之為「隨機漫步」（random walk）的形式，因此，投資人無法有系統地贏過大盤，不存在「股市泡沫」（stock market bubble）這種東西，不必費工夫去謀求如何對你的錢做出最佳投資以獲取最高報酬，或付錢請人積極地管理你的投資，因為完全隨機的投資方法，績效也差不多。有些人甚至把金融危機歸咎於市場效率假說，前聯邦準備理事會主席保羅・沃克說：「很顯然，最近的金融危機導因之一是對理性預期及市場效率的不合理信心。」

「我確信，市場中有太多的無效率。當一檔股票的價格可以被華爾街的一群人影響時⋯⋯很難說市場價格總是由理性決定的。」

　　　　　　　　　　　　　　　——華倫・巴菲特（Warren Buffett）

　　但是，我們也必須釐清效率市場假說*沒*說什麼。效率市場假說並不隱含金融市場總是「正確」，它只是說不可能有系統地或一貫地預測市場。效率市場假說沒說一些投資策略不會產生高於其他投資策略的報酬，只不過，報酬較高，風險較高。效率市場假說（「強烈」形式的市場效率假說除外，但就連效率市場假說的最熱烈信仰者也不贊同這些強烈論點）沒說若你有管道（不論是合法管道或非法管道）取得一些別人不知道的資訊，你仍然無法賺錢，它只是說，一旦你開始使用這資訊去做交易，市場價格將快速且自動地調整。

　　現在有充分證據顯示，注意市場效率假說對投資人有益。技術分析（使用以往型態與價格趨勢來預測未來動向）顯然完全無用，積極型基金經理人一貫贏過大盤的可能性極低。經濟學家波頓・麥基爾（Burton Malkiel）這麼說：「蒙住眼睛的猴子對著報紙財金版擲飛鏢選出的投資資產組合，其績效不會輸給專家精心挑選的投資資產組合」，這見解大致上是正確的。在這方面，效率市場假說極具影響力：它使得低成本的指數型基金愈來愈盛行，這類基金追蹤大盤，不試圖贏過大盤。

「效率市場假說並沒說市場價格總是正確，相反地，它隱含市場價格大都是錯的。但是，在任何時點，難以判斷市場價格太高抑或太低。華爾街最優秀、最聰穎的人犯了那麼多的錯誤，從這事實可知，想贏過大盤有多麼困難。」
　　　　——華頓商學院教授傑洛米・西格爾（Jeremy Siegel），《華爾街日報》

幸運撿到錢？

下面這個老笑話貼切地總結效率市場假說：一位年輕的經濟學家行走於街道，低頭看到路上有一張20美元紙鈔，說：「嘿，瞧，一張20美元鈔票！」身旁年紀更長、更有智慧的同事連瞧都不瞧一眼，回答：「別扯了，路上若真有一張20美元鈔票，早就已經被撿走啦。」

矛盾

　　但另一方面，指數型基金的盛行也說明了效率市場假說的核心矛盾。若所有投資人都相信效率市場假說，市場就不再有效率了，因為沒有人會費勁去找新資訊，或根據資訊來交易。若我們全都只投資指數型基金，指數型基金就沒有任何意義了。因此，效率市場假說仰賴至少存在一些尋求贏過大盤的投資人，但這與這個假說本身矛盾。

　　一些市場的「反常」現象例示了這點，例如曆年效應（calendar year effects），包括老箴言「五月賣股離場」（sell in May and go away），以及「一月效應」——每年一月，股價普遍上漲。所謂的「小公司效應」，則是指縱

使把風險考慮在內，規模較小的公司似乎贏得過大盤。這些或許是真的，不過，通常來講，一旦它們被辨識出來，一些投資人將試圖用它們來賺錢，這些效應將大致消失。所以，實際上，這是證明了效率市場假說，而非反證。

但是，對效率市場假說遠遠更大的質疑來自經濟學家羅伯·席勒，他說，人類心理使然，市場不僅會錯誤，而且是一貫地、可預期地錯誤。他認為，這是市場「泡沫」——相反於效率市場假說，市場價格經常偏離公開可得資訊隱含的價格——的導因。席勒曾在2005年時預測美國房市處於泡沫中，很可能發生崩盤，這預測很快就應驗了。他也認為，股市的本益比（price-earning ratios）傾向回到長期平均值；換言之，投資者可以在本益比低時（指公司股價相對於公司每股盈餘而言低）買進，在本益比高時賣掉，這樣就能賺錢。

這些不同觀點，有可能調和（像諾貝爾委員會那樣，參見本章方塊文「諾貝爾經濟學獎得主」）嗎？說來也奇怪，多數經濟學家調和這些不同觀點，認為個人投資者最好別試圖打敗大盤，但他們也相信，市場遠遠稱不上理性，泡沫與崩盤可能重創經濟。

效率市場假說和金融危機

效率市場假說真的導致了2008至09年的金融危機嗎？一方面，當然沒有；金融危機的成因是個人和公司承擔過大風險並用別人的錢來賭博，以及政府未能適當監管金融部門。這種行為有些是貪婪的、有些是愚蠢的，但都未表示個人或市場的行為特別不理性，或是這種行為是由對效率

市場假說的信念所推動。然而，毋庸置疑，這些錯誤確實是導因於市場參與者和政府都對市場的自我糾正性質抱有太不切實際的天真看法，以及認為市場不可能集體「犯錯」。

一句話說效率市場

你贏不了大盤。

22 金融危機
Financial crises

1997年時，時任英國財政大臣的高登・布朗（Gordon Brown）說：「經濟不再有大起大落了。」此後，直至2007年，英國跟許多其他國家一樣，歷經了十五年或多或少的持續經濟成長。但是，到了2008年底，全球步入自大蕭條以來最嚴重的經濟與金融危機。

2008年時，高登・布朗已經是英國首相了，當時，他執掌的這個經濟體在短短三個月間縮水超過4%，靠著把英國銀行體系的一大部分有效地國營化，才得以避免金融體系全面崩潰。這裡必須為布朗說句公道話，他當年那句「不再有大起大落了」其實是想把經濟學家所謂的「大平穩」（Great Moderation）時期（譯註：1980年代中期至2007年，多數主要經濟體呈現低波動的持續成長）描述得更引人注意且易懂易記。大家都相信我們已經從大蕭條的錯誤中學到了教訓，積極的總體經濟政策管理，再加上合理地監管金融體系，應該能夠防止金融危機轉變成更廣泛的經濟衰退。我們也從固定匯率的布列敦森林制度的瓦解（參見第16章），以及試圖用財政政策來管理經濟（亦即藉由改變稅負及公共支出）的簡單凱因斯模型的失敗中有所學習。由獨立的中央銀行控管的貨幣政策可以緩和商業景氣循環，遏制失業率或通膨率的持續上升。

「關於全球金融危機，我們所知道的是：我們知道的並不多。」
——保羅・薩繆爾森

　　那麼，金融體系呢？噢，金融體系大致上可以自理。雖然需要一些監管，但諸如信用違約交換、不動產抵押證券（mortgage-backed securities）之類的種種金融創新，只會使金融體系變得更安全啦。把風險包裝起來，以及重新包裝，然後出售，個體的風險就不會那麼集中，有任何損失的話，那些最能應付得來的人或機構會承擔，個別金融機構的任何問題都能滿容易地控制住。

　　以上是我們以為的。2008至09年金融危機以及後續的經濟大衰退（Great Recession）引發廣泛的重新思考，尤其是思考整個金融體系的結構是否不穩定。美國經濟學家海曼・明斯基（Hyman Minsky, 1919-1996）在1992年提出的「金融不穩定假說」（financial instability hypothesis）可被用來描述「大平穩」：

　　穩定導致不穩定，情勢變得愈穩定，且穩定了更久的時間，當危機到來時，它們將變得更不穩定。

1711—20	1929	2004—06	2008—09	2015—16
南海公司的興衰重創英國經濟。	華爾街崩盤，導致大蕭條。	美國房市興旺導致次級房貸市場大成長。	美國房市崩盤，導致銀行違約，衝擊全球金融市場。	經濟不確定性導致全球股市重挫。

　　明斯基的論點很簡單：一個穩定且成功的經濟會鼓勵人們舉債，因為只要經濟好，舉債就能創造報酬。投資者的「槓桿」愈高（亦即負債部位高於股權投資部位），報酬愈高，因為股權持有者能保留賺到的所有錢，而負債只需支付固定利息。所以，隨著穩定經濟狀態的發展，相對於相當固定量的股權，負債將愈來愈高。金融創新將把這推升得更高，中央銀行就會跟不上。經濟將成長，但負債與資產的價格（富人喜歡「投資」的股票、房子、藝品、酒等等一切東西）將成長得更快。

　　但最終，資金派對停止，一些投資計劃或計劃群將出問題。若投資計劃主要是靠出售股權來取得融資，對較廣泛的經濟不會造成多大衝擊，例如2000年代初期發生的第一次科技泡沫破滅，對經濟成長或就業率沒造成什麼影響。但是，若投資計畫主要是靠舉債來融資——例如美國的次級房貸，後果就會波及整個經濟體系。其他債權人會想降低他們的曝險，資產價格將下跌，一些市場可能完全崩潰，就連穩健的投資及優良企業最終都受到影響。

　　這貼切地描繪了2008至09年的金融危機。相當少數的債券違約或只是有違約之虞，首先導致人們對那些被認為高度曝險的金融機構喪失信心，繼而是對更廣的整個體系喪失信心，這使得金融市場完全陷入泥淖，銀行破產，世界貿易虛脫。政府已經從大蕭條學到教訓，因此迅速行動——

「投機者可能對源源不斷發生的企業泡沫無害，但是，當企業本身變成投機漩渦中的泡沫時，事情就嚴重了。當一個國家的資本發展變成一種賭場活動的副產品時，很可能是當局沒把監管工作做好。」

——凱因斯

南海泡沫

「一家從事具有很大利益的事業的公司，但沒人知道那是什麼事業」，這句話真確地描述惡名昭彰的南海公司（South Sea Company）——1720年在英國公開上市的眾多股份公司之一，同時也是史上最著名的股市泡沫事件之一的主角。南海公司創立於1711年，英國政府特許它壟斷大英帝國殖民地與南美洲之間快速成長中的貿易，但由於南美洲是西班牙帝國的一部分，該公司根本沒有賺錢的真實前景，因此，該公司與英格蘭銀行競爭，想買下英國政府發行的國債，最終，該公司透過行賄、詐騙，以及其他種種陰謀手段，如願以償。這使得南海公司的股票在市場上大受追捧，伴隨該公司股價飆漲，股票投資熱興起，許多其他同樣可疑的公司問世，圖謀在炒股熱中分一杯羹。無可避免的崩盤在1720年到來，許多股民慘賠，並導致當時的英國財政大臣入獄。我們現在可能會嘲笑十八世紀的投資人那麼容易受騙，政治人物那麼腐化，但是，研究過2006至08年美國次級房貸危機的人都知道，縱使過了兩百多年，人性並未改變很多。

對銀行紓困，降低利率，端出刺激經濟的財政政策，以及量化寬鬆（中央銀行尋求對經濟體系直接注入貨幣）等等，以防止情況變得像大蕭條時那般糟糕。儘管如此，仍然無法阻止很嚴重的經濟衰退，以及很緩慢的復甦（大部分南歐國家根本沒復甦）。在餘波中，美國與英國的產出及工資水準比2007年時的展望預測低了超過10%。

危機是無可避免的嗎？

那麼，金融危機以及它們造成的經濟後果是資本主義制度下必然發生的事嗎？可以理解，政治人物與經濟學家傾向不這麼想，但不再有人認為可以放任金融業，只施以輕微監管。大量的新法規出爐，尤其是限制槓桿程度，以及確保一、兩家金融機構出了問題時不會引發恐慌，進而導致蔓延或整個體系出問題。但許多人認為這遠遠不夠，他們傾向對金融體系採取更全面的控制方法。認為金融雖為必要、但應該嚴格限制它在資本主義中的角色的凱因斯若還在世，大概也會贊同這見解。

但明斯基大概會對此採取更審慎的看法，他或許會認為，我們截至目前為止採行的措施已經足夠，也可能認為還需要更多的措施。他的假說基本上認為，政府與監管當局對金融體系的管理愈好（並且使金融體系變得愈穩定），愈會滋生過度信心，最終到來的崩潰將愈嚴重。若然，金融資本主義加上人性，將意味著偶爾的金融危機是無可避免的，我們或許最好能確保下次爆發金融危機時，有更好的應變計劃。

一句話說金融危機

未來仍會再度爆發金融危機。

23 債務
Debt

跟貨幣一樣，舉債的問世遠早於資本主義，至少可遠溯至美索不達米亞時代，但是，在資本主義體制中，舉債扮演特別重要的角色，因為不論是公司或個人的投資，主要靠舉債來取得融資。事實上，在現代金融體系中，舉債取得的融資比重高於股市提供的融資。

任何時候，我們當中有些人想要或需要的支出大於所得，又有些人則是所得大於支出，我們的儲蓄大都存在銀行及退休基金帳戶裡，這些錢被借給公司用於投資，借給個人用於購屋，借給政府用於融資他們的支出中無法靠稅收支應的部分。

西元前 3000	1980 年代	2008	2009	2014
美索不達米亞文明：史載最早的借貸、負債及利率。	拉丁美洲債務危機：墨西哥及其他拉丁美洲國家對美國的銀行的債務違約。	雷曼兄弟控股公司破產，負債超過6,000億美元。	華爾街崩盤，美國預算赤字1.4兆美元，但仍然有很多投資人想借錢給美國政府，利率維持極低水準。	估計全球公部門及私部門負債約為150兆美元，相當於全球平均每人負債約20,000美元。

負債太多？

但我們會不會舉債舉得太過頭了呢？投資銀行高盛集團指出，世界現在被負債淹沒。這滿諷刺的：2000年代，就是高盛集團幫助希臘隱瞞該國究竟負債多少，導致最終的危機更加嚴重，但該集團在這過程中賺進了數億美元的服務費。但很顯然，許多國家被過多的負債拖累，不只是希臘，像日本之類經濟更堅實的國家也在內。舉例而言，國際貨幣基金在2015年提出警告，若不採取行動，節制支出，到了2030年，日本的負債將三倍於其經濟規模。

這類說詞很常見，但在談及債務時，它們通常犯了兩個常見的錯誤。第一、同時也是最重要的錯誤，那就是忽略了一個事實：根據定義，債務也是資產。債務是某人或某個機構對他人的欠債，以日本而言（不只日本，還有許多其他的負債政府，例如義大利），政府的負債對象大都是自己國家的人民與公司，因此，日本其實根本沒負債，日本人民擁有很多資產，其中許多資產的形式是他們自己的政府發行的公債。

第二個錯誤是把「存量」（stock）和「流量」（flow）給混淆了。日本政府的債務價值等於日本年經濟產出的兩倍有餘，這聽起來好像很多，那又怎樣？一年只是一個任意期間，你也可以說這相當於日本一週的經濟產出的百倍有餘，這聽起來更糟，或者，你也可以說這相當於日本一世紀產出

「年收入20英鎊，年支出19英鎊19先令6便士，結果是幸福。年收入20英鎊，年支出20英鎊6便士，結果是窮困。」

——查爾斯・狄更斯（Charles Dickens），
《塊肉餘生記》（*David Copperfield*）

的不到3%，這聽起來就沒那麼令人憂心了。這些比較本身並不是很有用，因為把一個時點的總量拿來和一年的數字相較，沒有意義。

誰欠了什麼，這才重要

　　所以，債務額不是那麼重要，要緊的是債務的分布──誰欠誰什麼。2008至09年全球金融危機其實是一場債務危機，不是股市危機。在全球層級，中國及一些其他國家（例如德國）的高儲蓄壓低了利率，這意味的是，其他國家的企業和家計單位舉債超出它們實際能應付的水準。觸發危機的是美國的次級房貸市場崩盤──過去多年，低所得家計單位受到鼓勵，舉債超出了他們的實際償還能力。但崩潰並未止於次貸市場，危機蔓延至歐洲，尤其受到影響的國家是那些政府舉債過多者（例如希臘），或是私部門舉債過多者（例如愛爾蘭、西班牙），這更為普遍。

　　這只是個差錯嗎？抑或這反映了有關於負債導致動盪所影響的更根本性質問題？這是否與所得不均問題的加劇（尤其是在美國）有關？資本主義需要消費者生成需求，以帶動經濟成長，但是，在富人占所得大餅的份額增加之下，再加上富人往往儲蓄更多，消費能夠繼續成長的唯一途徑是不那麼富有的人借錢──借他們還未賺到的錢，以及他們永遠無力償還的錢。除非我們解決所得不均這個根本問題，否則，我們將再度陷入相同處境：為了創造成長，需要舉債，負債不斷增加，最終將撐不下去。

「若你欠你的銀行100英鎊，你有麻煩。但若你欠你的銀行100萬英鎊，你的銀行有麻煩。」

──凱因斯

政府債務

那麼，政府的負債呢？相對於某些看法，其實並無證據顯示是政府的高負債導致或惡化了金融危機，希臘是例外。不過，金融危機倒是導致政府的負債及赤字比之前更高了，這些債務將花上多年、甚至數十年才得以降低。但是，這在短期未必是個問題：在利率處於有記載的經濟史（遠溯至美索不達米亞時代）中的最低水準之下，對美國或英國之類國家的政府借貸提供融資，再容易不過了。

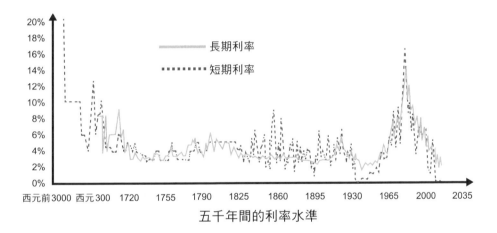

五千年間的利率水準

但或許正是這低利率水準，使人特別擔心舉債型資本主義模式的前景。低利率是公司與家計單位不想再舉債更多的一個訊號，這可能是因為他們認為已經欠債太多，想要減債，而非增債，這是所謂的「債務積壓假說」（debt overhang hypothesis）。若然，那麼，在減輕或解決債務積壓問題之前，投資可能持續低迷，也就缺乏經濟成長力道。也可能是因為他們認為沒有值得舉債的大好投資機會 —— 這是一種版本的「長期停滯」（secular stagnation）假說（參見第45章）。或者是結合了以上兩者。不論何者，未來成長前景堪虞，這是個壞消息，在金融危機後續的經濟衰退之後，全球經濟應該要強勁復甦，但若投資低迷，經濟復甦力道將不足夠。

　　政府及中央銀行能怎麼做呢？它們仍保持很低的官方利率水準，並推出量化寬鬆（中央銀行直接從私部門購買政府公債）之類的措施，以鼓勵更多的借貸和更多的舉債，但截至目前為止，這些措施並未奏效，甚至可能只會積累未來的不穩定性，引發不良後果。政府本身仍然可以舉更多債，利用低利率來增加非常需要的公共投資，以及刺激需求。多數經濟學家認為，這是很有道理的，但矛盾的是，大眾及政治人物害怕繼續增加公共負債，截至目前為止，這害怕心態大大地封阻了這條路。也有人建議更激進的方法，例如大赦減債（jubilee，有系統的債務減免），以降低債務積壓。不過，截至目前，世界似乎仍然卡住了，往回看，太多的負債，往前看，舉債意願低落。

一句話說債務

負債太多，活不了；不舉債，也活不了。

第 4 部

政治經濟
POLITICAL ECONOMY

24 民主
Democracy

資本主義有助於促進民主嗎，抑或兩者相互抵觸？史證似乎相當清楚，雖然，資本主義的發展和民主的普及這兩者並非精準地平行並進，但它們確實相伴而行。

想要經濟發展永續，必須對財產權提供一些保護，這需要法規。若統治者或貴族能夠隨心所欲地剝奪你的財產，就不會有創造財富的誘因了。但這未必需要民主：只要多數人生活於農村地區，務農以換取維生工資，經濟角度而言，不需要讓他們對被治理的方式擁有直接的發言權。

資本主義顛覆權力平衡

資本主義改變了這種狀態，伴隨中產階級商人的出現，工廠業主及其同僚的經濟支配力增大，他們主張他們的政治權力，犧牲農業利益。早期的資本主義「民主」高度僅限於選舉權，通常是擁有起碼一定量財產的男性才能獲得選舉權，因此把新興資本家階級的利益擺在優先。

「歷史顯示，資本主義是政治自由的一個必要條件，但顯然不是一個充分條件。」

——米爾頓·傅利曼

　　不過，這種狀態本質上就不穩定，日益壯大的工業勞工階級有自己在經濟層面與政治層面的利益及需求，首先大都在工會中表達（參見第17章），後來在政黨中表達。十九世紀初期，普選權是英國憲章運動人士（Chartists）的主要訴求，他們雖遭到政府的武力鎮壓，但歷史大致站在他們這一邊。此時，馬克思所指的「資產階級」基本上已經是社會中的統治階級了，他們面臨一個選擇：要不是與工人階級分享政治權力（進而接受某種程度的經濟重新分配），就是升高武力鎮壓，但可能因此帶來負面的經濟後果。

　　因此，十九世紀時，多數、但非所有國家發生從農業經濟轉變為工業資本主義經濟，伴隨而來的是選舉權的逐漸擴展。這過程在各國有所不同：在英國，大致和平、漸進；在美國，奴隸的存在與傳統使得種族衝突影響民主與階級的發展；在西歐，雖然許多國家在工業化的同時，發展出一些形式的民主制度，但這過程一點也稱不上平順。

　　二十世紀上半葉爆發兩次世界大戰，一場經濟大蕭條，導致近乎處處都發生經濟與政治動盪混亂，不過，當塵埃落定時，幾乎所有先進的資本主義經濟體（主要是西歐及北美）都已然是民主國家。女性工作者被納入

1776	1832	1945	1979	1989
美國宣告獨立；亞當・斯密出版《國富論》。	英國通過《大改革法案》（Great Reform Act），擴大賦予選舉權，但仍然未把選舉權賦予廣大勞工階級和女性。	法西斯主義被擊敗，開啟美國資本主義的黃金年代，以及冷戰。	中國的經濟自由化開始。	柏林圍牆倒塌，民主與資本主義進入東歐。天安門事件意味中國繼續走非民主路線。

市場經濟，女性從原本大都在農場或家裡工作，轉進辦公室及工廠，並且擁有投票權。

民主的推進

民主與資本主義在二十世紀後葉再往前推進，西歐僅剩的獨裁國家西班牙和葡萄牙在1970年代變成民主國家，然後，1989年，柏林圍牆倒塌，緊接著，東歐極快速地（但並非無痛地）發生經濟與政治轉變。

二十一世紀伊始，並非所有資本主義經濟體都是民主政體，也有很多資本主義較不發達的民主國家。儘管如此，資本主義與民主政治的關聯性似乎相當強，少數僅剩的強烈反資本主義政策的國家（例如北韓），也是強烈反民主的國家。許多其他非民主國家是那些大部分財富直接或間接來自自然資源的國家（例如波斯灣國家），因此，既沒有強大且經濟獨立的資產階級需要且強力主張財產權，也沒有一個需要政治權力與經濟保障的工業勞工階級。

那麼，若資本主義與民主很相配，多數國家必然朝向更接近這兩者嗎？看看柏林圍牆倒塌後這麼多年的現實，不言而喻。不過，這觀點有兩大明顯的挑戰，就集中在世上最大的兩個經濟體。

中國悖論

首先是中國。中國的資本主義模式相當不同於多數國家目前的模式，但不論以什麼標準來衡量，它是近期、甚或有史以來最成功的資本主義發

錢能買到影響力？

從哲學觀點而言，資本主義與民主制度有一個明顯的矛盾。民主制度雖有許多種類（議會制與總統制，直接民主與公民投票的角色份量較大或較小），一人一票的基本原則是根本；資本主義也一樣，但資本主義的基本原理是由錢決定力量及資源的取得。這種矛盾，最明顯的地區莫過於美國，據估計，民選官員有一半的時間花在募款事務，錢最多的候選人十次中有九次當選。由於捐款大都來自企業及很有錢的人，無怪乎最近的一項研究發現：「一般美國人的喜好似乎對公共政策僅有極其微小、近乎零的影響，在統計上完全不顯著。」在美國，資本主義與民主政治被視為不可分的程度更甚於世上其他地方，但除非做出一些改變，否則，資本主義可以摧毀民主制度。

展例子。中國在過去三十年間的經濟成長幅度如同英國在十九世紀時的經濟成長幅度，驅動力同樣是由農村人口遷移至城市中心的工廠工作，唯規模遠遠更大且更快。但是，中國並未平行地出現政治發展，「中國特色的社會主義」也可以被描述為「中國特色的資本主義」，確定的一點是，截至目前為止，中國一直在走自己的路（參見第35章）。

其次是富有資本主義國家的不均問題愈趨嚴重。馬克思及其他人認為，市場過程有一個無可避免的趨勢是財富集中於資本擁有人，但二戰後的發展似乎與這論點相悖，在近乎所有先進資本主義國家，工會或多或少調和了工資不均，民主政治促成福利國家制度的建立。但是，近年來，所

得與財富的不均程度再度擴大，尤其是在美國這個技術最先進的國家。許多人會認為，這將對民主有所影響，富人（尤其是超級富有者）對政治過程施加高度影響。這種發展達到什麼程度時，將導致民主制度本身受到懷疑呢？

一句話說民主

人的力量 vs. 錢的力量。

25 保守主義與自由主義
Conservatism and liberalism

在當代政治論述中，「保守」通常被視為「支持市場」或「支持資本家」的同義詞，而在美國，「自由派」意指此人支持政府扮演更大角色，以及提高稅負。自雷根與柴契爾夫人時代開始，這種用法變得相當普遍，雷根與柴契爾夫人都是保守派代表人物，高度支持資本家。不過，在歷史上，這兩個名詞有非常不同的含義。

亞當‧斯密及約翰‧史都華‧彌爾（John Stuart Mill）的古典自由主義，尤其是在英國，強調一種特別的自由觀點──人民選擇自己的政府與制定自己的法律的自由，以及參與經濟活動而不受政府干預的自由。現代保守主義的奠基者艾德蒙‧柏克（Edmund Burke）認同亞當‧斯密的經濟學觀點，並且支持自由貿易及自由市場，但他強調政治、社會與經濟的傳統與秩序的重要性，尤其是，他不贊同古典自由主義中隱含的一個思想──經濟與社會自然會在最少的政府干預下趨向於最佳可能結果。

「但是，沒智慧和沒德行的自由是什麼呢？那是所有可能的惡行中最糟糕的，它是愚蠢，不道德的行為，以及瘋狂，沒有教養或克制。」
──艾德蒙‧柏克

　　不過，柏克並不反對變革，相反地，他認為，為維護社會的基本價值觀，變革是必要的：「一個國家若沒有變革的方法，就是沒有維護傳統的方法。」

　　十九世紀，起初在英國，後來在歐洲各地，保守派與自由派對立相爭，保守主義者試圖維護由貴族及地主階級支配的舊社會與政治秩序，而自由主義者代表新的資本家階級的利益。

　　這兩派的理念雖然都在經濟意義上與資本主義發展相符，但是分別都有內部的政治矛盾。1846年，英國廢除《穀物法》（一系列的價格控制，以保護英國的農業利益，對抗外國競爭，但犧牲了城市裡的勞工、乃至於工業），這導致保守派的分裂。後來，自由派不知該如何回應來自工業工人階級的需求，首先是保護他們免於在工作中遭到剝削（這必然需要對自由市場做出干預），後來是要求讓他們取得政治代表權及政治權力。歷經時日，亞當・斯密及約翰・彌爾提倡的自由市場資本主義顛覆了英國人的生活與傳統，若柏克還在世，這顛覆大概會嚇壞了他。

1789	1790	1848	1859	1979	1992
法國大革命，挑戰既有秩序，點燃接下來數十年的歐洲政治動盪。	艾德蒙・柏克出版《對法國大革命的反思》（Reflections on the Revolution in France）。	自由主義者在歐洲各地起義，遭到血腥鎮壓。	英國自由主義哲學家約翰・史都華・彌爾出版《論自由》（On Liberty）。	柴契爾夫人及雷根分別在英國及美國勝選。	比爾・柯林頓當選美國總統，他說：「我們的政策既非自由主義，也非保守主義。」

衝突繼續

　　自柴契爾與雷根當政後，先進工業國家的政治由名義上保守、支持資本主義的政黨支配。一般來說，這些政黨支持大體上市場導向的經濟政策，較少政府管制，較低的稅負及社會福利，這些全都符合旨在促進資本主義制度順暢運作的經濟治理方法。

　　但是，資本主義往往是破壞、而非穩定既有社會秩序的一股動力，尤其是在快速全球化的時代。資本主義快速發展的時代，也是社會快速變化的時代，這些社會變化是由資本主義驅動，但反對這些變化的，也是支持資本主義的政黨。舉例而言，保守派政黨推動的經濟變革導致大都為男性的工業化勞工階級式微，在此同時，他們又譴責單親家庭增加，「傳統」家庭減少，但實際上是他們推動的經濟變革侵蝕了支持舊社會結構的工業模式。全球化，以及國際貿易與交易的種種管制與技術性障礙的解除，自然導致移民流量大增，因為勞工也會對市場力量做出反應。但是，這種遷徙自然有顯著的社會與文化影響，這往往是保守派人士不樂見的。

　　這些緊張拉鋸在美國尤其明顯。在美國，保守主義發自內心地反對透過稅負與監管，對「經濟自由」加諸限制，但也支持政府限制個人自由，例如墮胎權，結婚或遷居美國的權利。在英國及其他歐洲國家，相似的內部緊張通常表現於反對歐盟——既因為歐盟過度監管與過度干預，也因為它致力於使貿易及人員的流動自由化。

革命文學

工業革命引發的社會混亂是英國文學中的一個主題,對激進派與保守派皆然。湯瑪士・哈代(Thomas Hardy)的小說大都描述英格蘭西南部多塞特郡的農業社區應付機器時代到來的艱辛與悲慘。《魔戒》(*The Lord of the Rings*)一書末尾,佛羅多返回英國鄉村夏爾(Shire),發現那裡被來自技術更先進的外面世界的入侵者褻瀆。在《慾望莊園》(*Brideshead Revisited*)這本小說中,作者伊夫林・沃(Evelyn Waugh)悲嘆擁有土地的貴族沒落,更商業傾向的資產階級興旺。沃後來強烈抱怨保守黨儘管在 1951 年重新執政,卻「從未把時鐘調回,連一秒鐘都沒調回過」。不過,有關於保守主義與自由主義之間衝突的最著名總結,應該是朱塞佩・蘭佩杜薩(Giuseppe Tomasi di Lampedusa)撰寫的小說《豹》(*Il Gattopardo*),內容描述十九世紀發生於西西里的一個貴族家庭故事,小說中的主角說:「為使一切維持原樣,一切必須改變」,這相似於艾德蒙・柏克在十八世紀時對變革的看法。

第三條路

　　另一方面,古典自由主義作為一種政治運動,大體上已經熄火了;很少選民既支持在經濟上採行純粹自由市場方法,也支持社會議題上採行自由主義方法。它最接近的承繼者應該是「第三條路」社會民主主義者,代表人物是比爾・柯林頓及前英國首相東尼・布萊爾。跟古典自由主義派一樣,他們在經濟與社會議題上都信奉自由主義原則,他們擁抱全球化,接

受柴契爾及雷根的管制鬆綁及民營化，在此同時，也承認及鞏固了伴隨而來的社會變化。但是，他們不認同有限政府，相反地，他們認為政府應該積極、且通常是擴大幫助個人與家庭因應全球化與自由化帶來的挑戰，在此同時，尋求使用市場機制去改善公共服務。

這種方法曾經在經濟上及選舉時成功，而且，對於那些認為市場在分配資源方面大致上做得不錯、但需要政府主動積極地擴增機會和減輕不均問題的經濟學家（例如我）而言，此方法很具吸引力。不過，此方法似乎同樣到達了它的極限，尤其是在金融危機與後續的經濟衰退時期，這使得「可以透過輕度管制及市場機制來成功管理全球化」的觀點受到質疑，也使政府更難以融資公共服務及社會福利。

目前，最成功的政治運動（不論是政府或反政府勢力）似乎極少倚賴古典保守主義或自由主義：二十一世紀最成功的歐洲政治人物安格拉・梅克爾（Angela Merkel）的重要特色是實用主義；民粹主義團體如法國的民族陣線（Front National，譯註：2018年6月改名為 Rassemblement National，國民聯盟）及美國的茶黨運動（Tea Party movement），對資本主義或至少資本主義的一些現代表現形式的態度並不明確。

一句話說保守主義與自由主義

自由與市場 vs. 秩序與傳統。

26 社會主義
Socialism

社會主義與資本主義對立嗎？從根本意義來說，是的。若說資本主義是一種生產、分配與交易的工具為私人擁有與掌控、且生產什麼的決策由那些私人業主決定的制度，那麼，社會主義就是生產工具由勞工擁有與掌控的一種制度。

不消說，上述常見的社會主義準則引發一些疑問。誰是勞工，他們擁有什麼，以及如何擁有？在前述定義下，一個社會主義制度可能是指所有產能由國家擁有（例如，1989年以前的多數東歐國家或多或少是這種制度，古巴目前大致仍是這種制度）；或者，企業由其員工直接擁有，例如，這是合作社運動（cooperative movement）的願景；或者，如早期的社會主義理論家所提議的，所有權可以歸屬於地方社區，由社區居民集體擁有及管理土地與企業，但仍然在市場上和外界進行交易。

1848	1864	1917	1945—49	1989
自由主義者在歐洲各地起義，遭到鎮壓。	馬克思及其他人共同創立第一國際工人協會。	俄國爆發布爾什維克革命（Bolshevik Revolution）。	東歐及中國建立共產黨政府。	柏林圍牆倒塌，共產主義瓦解。

早期嘗試

社會主義的第一個實際實驗採行最後這種模式。羅伯・歐文（Robert Owen）在蘇格蘭新蘭納克（New Lanark，離格拉斯哥不遠）經營一間工廠，他率先推出每天工作八小時，以及英國第一間托兒所，不過，這工廠的所有權仍然是資本家模式。他在1825年於美國印第安納州的新哈莫尼鎮（New Harmony）建立一個完全的社會主義社區，以「勞工券」代替貨幣。這個實驗性社區很短命，社區裡的企業經營不善，社區的治理混亂無序。另外也有一些其他實驗，大都在美國，但沒有一個能持久。

1848年，歐洲各地革命的失敗收場，以及隨之而來的粗暴鎮壓，想從從頭開始建造社會主義社會的可能性看起來更低，因此，那些尋求勞工控管權的人轉移陣地，進入政壇。1864年，馬克思及其他人共同創立第一國際工人協會（First International Workingmen's Association，簡稱第一國際），目的是和平或以武力接管國家，以建立社會主義體制。

蘇維埃實驗

第一個公開宣稱的社會主義政府在1917年於俄國掌政。當時的俄國是一個工業化程度遠低於西歐的社會，因此，根據馬克思的理論（參見第

「社會主義者無法忘記他們在得知多數世人於悲慘、荒瘠、無盡的勞苦中度過一生時的驚愕感。」

——蘭開斯特大學（Lancaster University）英國文學教授
泰瑞・伊格頓（Terry Eagleton）

27章），它並不是一個適合社會主義的社會，但是，布爾什維克黨快速行動，首先把工業、繼而把農業收歸政府控管及擁有。在他們的中央計劃制度下，一個名為「蘇聯國家計劃委員會」（Gosplan）的國家機構為該國的每個企業訂定產出目標，不同於由民營事業基於市場力量及誘因而決定生產，以使它們的報酬最大化，蘇聯國家計劃委員會的規劃師決定社會能夠生產什麼，訂定總體優先要務，以及該生產什麼。

社會主義的這種中央計劃模式推廣至1945年後蘇聯宰制的東歐國家，也被毛澤東統治下的中國獨立採行，但事實證明，它徹底失敗。雖然，中央計劃可能成功地促使先前以農業為主力的社會加快工業化（但付出極高的人員成本，兩次大戰間的俄國即為明顯例子），這種模式在承平時期根本無法驅動成長或繁榮。

有瑕疵的模式

這種中央計劃有兩個主要問題，其一，因為沒有供需的平衡機制，無可避免的發生某些商品的短缺和其他商品的生產過剩。其二，這是更根本的問題，那就是勞工缺乏展現高生產力的誘因，經理人缺乏產量最大化及維持品質的誘因，任何人都缺乏創新或改進的誘因。事實上，在所有層級，唯一的誘因是用某種方法作弊敲詐──在工作中偷懶，捏造生產數

「社會主義是一種失敗哲學，愚昧的信條，嫉妒的教義，它的固有美德是公平地共享窮困。」

──邱吉爾（**Winston Churchill**）

愛因斯坦評論社會主義

現在的我們可能難以相信這個：二戰剛結束時，「計劃經濟」看起來像是一種可靠的模式，甚至是優於資本主義的選擇。縱使是不相信史達林政治及俄國領導人的極聰明知識分子，也抱持這種觀點，以下是愛因斯坦的評論：

在我看來，現今資本主義社會的經濟混亂無序是禍害之源，我相信，只有一條途徑能夠消除這些嚴重禍害，那就是建立一個社會主義經濟，輔以社會目的導向的教育制度。在這種經濟體制中，生產工具由社會本身擁有，以計劃模式利用它們。根據社會需要而調整生產的計劃經濟把工作分派給所有能工作的人，並且保障所有男人、女人及小孩的生計。個人的教育除了發展他與生俱來的能力，也試圖發展他對同胞的責任感，以取代我們目前社會中的權利與成功帶來的榮耀。

字，或是在無可避免地出現的許多黑市中生產與買賣。套用蘇聯人的一句著名玩笑話：「我們假裝工作，他們假裝付我們工資。」

　　1970年代和1980年代，中央計劃經濟的失敗變得更加明顯。蘇聯在1989年解體之前，就已經對較不那麼中央化、重新推出市場及誘因角色的方法感興趣了，這其中，最徹底的是南斯拉夫的「去中央化自我管理」，但這也未能改善成效，反而造成高通膨及外債，最終，南斯拉夫解體。以色列以務農為主的集體社區基布茲（kibbutz）堪稱為最普遍且經濟上大致

成功的社區與企業層級社會主義生產方法，但縱使在其巔峰時期，也只占以色列人口或經濟的一小部分而已。

　　柏林圍牆倒塌及蘇聯解體後，現在在經濟的整個組織上採行社會主義方法的國家極少，雖然，中國仍把它極為成功的經濟制度描述為「中國特色的社會主義」，但實際上，在愈來愈多經濟活動轉向民營之下，該國的「社會主義」成分主要指的是共產黨的繼續掌權，而非任何經濟管理方法。另一方面，在先進國家，許多成功的企業採行一些社會主義元素或合作社原則，例如西班牙北部與法國南部的巴斯克地區（Basque Country）的蒙德拉貢公司（Mondragon Corporation）、英國的約翰路易斯合夥公司（John Lewis Partnership）、金融業的信用合作社，以及無數的農業合作社，但它們全都在資本主義為主的經濟體系中營運。把社會主義當作一種充分成熟的經濟制度，這概念似乎已經走到盡頭了。

一句話說社會主義

讓勞工當家作主。

27 馬克思主義
Marxism

馬克思主義被廣認為是一種大致上失敗的思想體系，在政治上與經濟上都輸給資本主義，我個人認為這看法正確。但諷刺的是，不論我們知不知道，在幫助我們了解資本主義方面，貢獻最多的人是卡爾・馬克思。事實上，撰寫本書時，我一再有意地或不知不覺地參考最早由馬克思提出的基本概念。

馬克思有兩個基本洞察。第一個洞察是經濟力量在形塑人類社會方面的重要性，馬克思認為，「生產模式」——勞動力與資本如何結合，按照什麼規範——或多或少地能解釋社會的一切，政治、社會關係、文化等全都根源於生產模式，因此，隨著生產模式的發展與演變，社會也發展與演變：

> 人們在他們所屬的社會生產體系中無可避免地、不由自主地進入一定的關係，亦即在他們的生產性物質力量的特定發展階段形成的生產關係。所有這些生產關係構成社會的經濟結構，在這經濟結構的基礎上建立起一個法律與政治的上層結構，還有相應於這經濟結構的明確形式的社會意識。

基於這看法，馬克思正確地結論，工業化及資本主義將導致社會性質的深切改變，影響從政治制度到倫理道德的一切層面：

> 所有堅固忠實的關係，以及這些關係中悠久而神聖的偏見與見解，全都被掃除；所有新形成的關係還未及鞏固，就已經變得過時而被廢棄了。所有堅固的東西都化為烏有，所有神聖的東西都被褻瀆，人們最終被迫清醒，嚴肅看待他們的真實生活狀況，以及他們與其他人的關係。

馬克思的第二個基本洞察是資本主義本身的動態性質。他了解，資本主義不可能是靜態的，在一個競爭的經濟體系中追求獲利，必然持續承受著必須增加資本存量及透過技術進步來提高生產力的壓力，這將引致朝向節省勞力或資本密集的技術變化。後來的思想家如熊彼得在這觀點上進一步發展，推出「創造性破壞」的概念（參見第10章）。把這兩個基本洞察結合起來，得出資本主義這股激進力量的樣貌，它本身的內在動力使得經濟不斷地演進與變化，這進而導致更廣大的社會變化。

1848	1867	1870—71	1917	1989
《共產黨宣言》出版；自由主義者在歐洲各地起義，遭到鎮壓。	馬克思出版《資本論》第一卷。	法國公社（Paris Commune）短暫統治巴黎：法國在普法戰爭中慘敗於普魯士，革命人士接管巴黎，後來遭到血腥鎮壓。	俄國爆發布爾什維克革命。	柏林圍牆倒塌，共產主義政權垮台。

馬克思的基本錯誤

那麼，馬克思到底錯在哪裡呢？首先，他說的沒錯，競爭會使得資本業主投資於提高生產力與節省勞力的機器設備，但他錯在認為這會導致工資降低至僅足以維生的水準，如同封建制度下的大致情形。事實上，古典經濟學這這方面的推論正確：生產力較高的新工作將出現，勞工的工資將或多或少地隨著生產力的提高而上升。

這也意味，馬克思最重要的政治預測錯誤：勞資之間無可避免地衝突，勞方最終勝利，資本主義被廢除。馬克思說的沒錯，隨著工業勞工人數增加，他們將索取自己的財富份額，不同於封建制度的情形，勞工數量及地理上集中於工廠及大城市，這使得他們的這些要求無法被含糊帶過。但是，由於資本主義使得生產力提升，在多數先進資本主義經濟體中，可以在制度本身不崩潰之下滿足勞工的需求。事實上，至少截至目前為止，生產力提高，工資提高，消費也因此提高，這些都是伴隨發生的，而且不僅發生於個別國家，全世界都如此（參見第46章）。

工會及普選制的興起，意味著馬克思預料的剝削在政治上無法維持，在經濟上也非必要，事實上，資本主義體制創造的經濟利益大到足以令多數勞工偏好此制度。雖然，馬克思的政治觀點曾取得優勢，但這主要是戰爭造成的不穩定下的結果（例如俄國），或是工業化之前長期存在封建制

「我們的判斷及道德量度，我們對未來的想法，我們對於目前或正義、和平、或戰爭等等所有事物的看法，甚至包括我們對馬克思主義的排斥，這些全都充滿馬克思主義。」

——墨西哥文學家歐塔維歐・帕斯（Octavio Paz）

歷史的終結？

柏林圍牆倒塌後，一些自由派歷史學家及政治分析家認為我們已經到達了「歷史的終結」──亦即西方自由民主制度如今是唯一能維持下去的政府形式。這是從容、有點慶祝勝利味道的宣揚，與馬克思認為共產主義必將取代自由民主的「歷史終結」版本相反。

> 「我們將目睹的，可能不只是冷戰終結或某個後二戰時期的結束，而是歷史的終結，亦即人類意識型態演進的終點，西式自由民主制度普及化，成為人類政府的最終形式。」
>
> ──法蘭西斯·福山（Francis Fukuyama）

馬克思若還在世，應該會對此論點嗤之以鼻，他大概會承認（我猜是不情不願地承認），他預測工業勞工階級將成為團結宰制的政治力量，這點錯了，但他會指出全球化及其危機，以及技術進步造成的轉變與不穩定性質，他大概會總結，「自由資本主義」本身只是一個暫時性的歷史期間。整體來說，1989年後的種種事件大致證明了這點，自由民主制度仍然存活，且或多或少地存活得不錯，但不論是經濟上或政治上，絕非處處報捷。

度的農業社會（例如中國及越南）。這些國家的馬克思主義領導人嘗試在無資本主義之下推進工業化，但全都失敗，諷刺的是，馬克思本人或許已經預料到這項失敗了。

資本主義的必然危機

不過，有個大疑問，答案尚不明確。馬克思認為，資本主義本質上容易發生危機——資本過度累積，生產過剩，利潤率下滑，因此，會形成大起大落的循環。歷經時日，這些景氣循環將變得更大，造成更大的動盪，直到這制度本身的內在動力最終摧毀自己。

凱因斯及傅利曼都認真看待這挑戰，他們解釋，總體經濟管理可以使用財政政策及貨幣政策來減輕經濟循環。因此，直到不久前，多數經濟學家認為他們已經解決了大起大落的景氣循環問題，或者至少能夠加以控制。但是，2008至09年的全球金融危機，以及事實上，我們仍然未充分了解它何以發生，或者，更重要的是，它再度發生的風險，這些在在令人疑問，這問題真的解決了嗎？

那麼，笑到最後的，會是馬克思嗎？亦即，資本主義的動力本質是否意味著仍將繼續爆發危機，而且，危機將變得更大、更全球性，以至於這制度本身最終將變得無法維持下去？截至目前為止，資本主義一直展現非凡韌性，我個人預期，基於資本主義的種種益處，在可預見的未來，我們仍將運用馬克思的洞察，繼續探索與分析資本主義。

一句話說馬克思主義

歷史就是經濟學。

28 凱因斯革命
The Keynesian revolution

若市場運行得宜，供給與需求應該相等：價格機制會得出此結果。就多數簡單的財貨而言，這基本原理似乎運作得相當好，但就總體經濟而言，是否也如此呢？總體供需會不會失衡呢？若會，政府該怎麼辦？

這個疑問與解答由法國經濟學家尚—巴蒂斯特·賽伊（Jean-Baptiste Say）提出，他創造了著名的「賽伊法則」（Say's Law）：

某種產品被創造出來後，立刻就會為其他產品創造出能充分體現其價值的市場。由於我們每個人只能用自己生產的價值來購買其他人的產品，亦即，我們能購買的價值等於我們能生產的價值，因此，我們能生產更多，就能購買更多。

換言之，「供給創造需求」。這論點有重要含義，尤其是，它意味著，在總體經濟層級不會有生產過剩的情形，或者說，不會有財貨供給過剩的問題。因此，經濟活動水準完全取決於經濟產能：若有失業或發生經濟衰退，那是某種外部衝擊導致，或是政府干預其經濟導致（例如支付失業救濟）。

「賽伊法則」在當時引發爭議，約翰·史都華·彌爾認為，貨幣的存在意味著總體供需未必平衡。不過，「賽伊法則」為整個十九世紀盛行的「自由放任」經濟管理方法提供了正當理由，若總體經濟會自然地趨向某種

平衡，那麼，政府對經濟的干預或許偶爾有必要，但卻是一種必要之惡。而且，政府的干預無法解決經濟衰退的導因或後果，因為這些其實不是經濟現象。

尤其是，試圖藉由增加政府支出來提振需求，進而提振就業，這是沒有意義的，畢竟，錢總得來自某處（要不就是來自稅收，要不就是來自舉債），若政府花了這錢，私部門的某些人或企業就不能花這錢了。因此，政府支出與舉債（亦即財政政策）無法影響總體需求或就業。

凱因斯與大蕭條

1930年代的大蕭條促使重新檢視。在英國，失業率激增，所謂的「財政觀點」（Treasury View，譯註：認為政府支出會排擠私部門的消費或投資，因此對經濟活動總量的淨效果為零，亦即財政政策對經濟活動總量及失業問題沒有幫助）──基本上就是「賽伊法則」的另一種偽裝──被政府拿來作為不理會凱因斯及其他人呼籲增加政府支出的建議的正當藉口。

1919	1929	1929—39	1936	1944
凱因斯出版《和平條約的經濟後果》（*The Economic Consequences of the Peace*），批評《凡爾賽和約》（*The Treaty of Versailles*）的經濟條款。	華爾街崩盤。	大蕭條，在多數先進經濟體，失業率激增。	凱因斯出版《就業、利息、與貨幣的一般理論》。	布列敦森林會議建立戰後經濟治理架構。

　　凱因斯於1936年出版巨著《就業、利息、與貨幣的一般理論》（*The General Theory of Employment, Interest and Money*），其核心目的或許就是要全面性地拆除「賽伊法則」的智識基礎。凱因斯認為，雖然，長期而言，總體供需的確會趨向平衡，但「長期」並不是一個很有幫助的概念：

> 但是，這個長期是對當前事態的一種誤導，長期下來，我們全都死了。經濟學家把他們的工作看得太容易、太無用了，在狂風暴雨的季節，他們只能告訴我們，當暴風雨過去，海洋就會恢復風平浪靜。

　　凱因斯說，在短期內，經濟活動的主要驅動力是需求，而非供給。很廣義地說，這就是經濟學家所謂的「凱因斯主義」（Keynesianism）。不論基於什麼原因，若私部門集體想要儲蓄的水準大於集體想要投資的水準，那就會出現問題：由於儲蓄與投資的總額必須相等，那就有某方面必須做出調整，其結果將是所得與產出降低。不同於當時的「財政觀點」，凱因斯認為，政府若透過舉債來增加政府支出，將會帶動所得與產出的增加，因為政府此舉讓多出來的儲蓄有個去處。縱使政府的支出不是特別具有生產力，仍然具有帶動所得與產出的效果。

「若財政部把鈔票拿來裝入舊瓶，把它們埋入廢棄礦坑深處……繼續奉行已久的自由放任原則，讓私人企業去挖掘出那些鈔票，就不會再有失業，然後，影響加乘下，社會的實質所得……可能會變得比實際上還要大很多。」

——凱因斯

凱因斯與大金融危機

2009年4月，G20峰會在倫敦舉行，全球最大經濟體的領導人宣布當代「最大的財政與貨幣刺激措施」，但僅僅一年後，在全球經濟復甦之下，國際貨幣基金建議對財政重整做出「反向操作」，許多國家宣布減少赤字及撙節方案。此後，全球的經濟成長情況令人大失所望，這是否意味著凱因斯主義其實是管用的，我們應該多多奉行，抑或完全不該嘗試它？經濟學家和政治人物對此展開激烈爭論，諾貝爾經濟學獎得主尤金・法瑪反對歐巴馬總統的刺激方案：

「政府紓困與刺激方案由發行更多公債來取得資金，增加的公債吸收了原本應該流入私部門投資的儲蓄，最終，儘管存在閒置資源，政府紓困與刺激方案並未使得現有資源的使用增加。」

不過，我個人傾向凱因斯的觀點。誠如保羅・克魯曼所言：

「若我們發現外星人打算來襲，我們必須大大增強戒備，以反制外星人的威脅，而通膨及預算赤字被擺在次要，那麼，這衰退將在十八個月後結束。」

　　凱因斯從來就沒有明確地說何時及是否適當形式的政府干預是財政政策（亦即政府支出與舉債）抑或貨幣政策（亦即利率水準），但他提出的理念──政府能夠、也應該在總體層級管理經濟，旨在預防與減輕經濟衰退──成為資本主義經濟體的戰後經濟治理的核心目標。尼克森總統

（Richard Nixon）說：「我們現在全都是凱因斯主義者」，1950年代和1960年代，政府積極地管理經濟以降低失業率。

　　但是，1970年代，凱因斯主義在實務中似乎觸礁了，為了穩定失業率，開始需要愈來愈高的通膨率。起初，凱因斯主義被米爾頓‧傅利曼提議的貨幣主義取代（傅利曼認為，貨幣政策是優於財政政策的總體經濟管理工具，參見第16章），最終，凱因斯和傅利曼的思想被結合起來，形成「新古典綜合學派」（neoclassical synthesis）。雖然，「政府有責任管理總體經濟」這個理念依舊，但愈來愈多人懷疑其成效能有多大，凱因斯學說依舊不時興，過去二十年間，經濟學學術圈子倒是出現了類似「賽伊法則」的復活，偽裝成「真實景氣循環理論」（Real Business Cycle Theory），認為貨幣政策及財政政策實際上都產生不了多少效果，縱使在短期也一樣。不過，真實世界裡，這論點很少人相信。

凱因斯主義重返？

　　2008至09年的全球金融危機重啟辯論，突然間，貨幣政策變得沒了效能，對舊式側重財政政策的凱因斯主義的興趣再現。姑且不論好壞，這場經濟大衰退重啟舊觀點──沒有政府的積極干預，經濟可能長期陷入高失業與低成長（或無成長），儘管，在政府究竟該做什麼這一點上，完全沒有共識。

一句話說凱因斯革命

供給與需求未必平衡。

29 國有化與民營化
Nationalization and privatization

十四世紀至十七世紀期間,歐洲最大、可能也是全球最大的工業企業是威尼斯軍械庫(Arsenale of Venice),它的船艦組成這座城市的海軍軍力基礎。整個人類歷史中,這種經濟的戰略部分都是由國家擁有與掌控,尤其是生產軍火的通訊與設施。

工業革命前,國家所有權通常反映的是權力、而非經濟的考量,國家應該擁有生產供市場上使用與消費的商品的生產性事業,是更後來才出現的概念。概況而言,二戰後,出現於多數西方經濟體(但不包括美國大部分地區)的國有化浪潮有三個理由:

- 英國工黨黨章(1918至1995年)第四條明訂:「基於生產、通路與交易工具的共同所有權,以及每個產業或服務可取得的最佳行政與管理制度,確保不論勞力或勞心的工作者充分享有他們所屬產業的成果及最公平的分配。」換言之,在依然以資本家為主、多數生產活動仍然存在於市場部門的社會,一些最大企業的國有化被視為限制資方力量及重分配其收益、以謀求那些產業裡的勞工及整個社會的福祉的一種方法(不過,值得一提的是,儘管黨章中有這第四條,工黨從未認真尋求推翻資本主義本身)。
- 為了規劃戰後的經濟重建,以及被戰爭破壞的西歐國家的發展,國家擁有與控管戰略性產業如煤、鋼鐵及造船業是有必要的。

- 許多公用事業——例如電力、水利、鐵路運輸、瓦斯、電話產業，是自然壟斷/自然獨占事業，這意味的是，它們需要大額投資，由公部門提供可能最有效率，而且，若交給私部門，其壟斷地位可能導致對消費者索費過高。

國有化與民族主義

就一些開發中國家而言，國有化也是把自然資源（尤其是石油）歸還國內控管的一種方法。在墨西哥，1938年的石油產業國有化是該國主張經濟獨立於美國之外的一個重要事件；在伊朗，美國與英國惡名昭彰地策劃1953年的政變，推翻民選總理，以防止英伊石油公司（Anglo-Persian Oil Company）的國有化。

但是，所有這些理由在戰後期間逐漸弱化。經濟重建所需要的規劃經濟制變得愈來愈不切要，雖然，國營產業可免於受到市場左右，能夠投資於長期，但它們反而受到政治人物的操縱，實際上往往極度短視近利。尤

1946—49	1972	1984—86	2008	2009
英國工黨政府把英格蘭銀行、煤鐵產業及鐵路運輸事業國有化。	挪威政府創立挪威國家石油公司，開採在北海新發現的石油與天然氣。	英國保守黨政府把電力、瓦斯、水利事業以及英國電信公司（British Telecom）民營化。	英國政府收購蘇格蘭皇家銀行（Royal Bank of Scotland）及駿懋銀行（Lloyds Bank）的多數股權。	美國政府取得通用汽車公司的大部分股權。

其是，在國營產業中，工會力量變得特別大，且工會往往使用這力量來保護其會員的短期利益（這可以理解，但最終有害），犧牲最終資助這些產業的大眾。

固然有例外者，例如挪威的挪威國家石油公司（Statoil），但總的來說，國營產業的經濟績效令人失望。另外，很重要的一點是，技術發展（尤其是電信業）以及管制經濟學的發展（建議透過種種方法，提供誘因，使私人企業在不得賺取壟斷性獲利之下也能有效率地營運），使得公用事業國營化的理由減弱。

民營化

在英國，國營產業的經濟績效尤其糟糕，因此，民營化潮流於1980年代在這裡展開，電力、瓦斯、電話、水利、鋼鐵、航空，以及更多的其他產業全都還給私部門，通常是透過出售股權給公開及私人市場。其他國家跟進，只是步伐較為零散，而共產主義的式微為民營化運動注入新活力，許多先前的共產主義國家尋求把國營企業民營化。

一般來說，民營化似乎的確達到改善經濟效率的目標，尤其是那些身處競爭市場的廠商。德國的漢莎航空公司（Lufthansa）和英國航空公司（British Airways）都是從國營轉變為民營，它們的績效優於國營的歐洲航

「當你把一個賺錢的產業變成公營化，這獲利很快就會消失，下金蛋的鵝愛孵蛋，國營鵝不善於下蛋。」

——瑪格麗特・柴契爾

思考想像不到的事

我在1983年加入英國工黨，就在該黨有史以來最慘的敗選之前不久，那年大選，工黨的競選宣言──被形容為「史上最長的自殺遺書」──要求把大批英國產業國有化。四分之一個世紀後，工黨和我都有了很大的改變與發展，工黨早已放棄國有化這個經濟政策，而我則是內閣首席經濟學家，身為公僕，嚴守政治中立。2008年10月，我在唐寧街10號，跟首相、財政大臣以及英格蘭銀行行長開會研商，他們決定，為防止英國的金融體系崩潰，或許連同資本主義本身也瓦解，必須把英國的銀行體系的大部分予以國有化，這是連1983年時的工黨都未考慮過的事。

空公司如義大利航空公司（Alitalia）或希臘的奧林匹克航空公司（Olympic Airways）。特別是電信業，技術演進已經使得單一壟斷性國營電信服務商的概念被淘汰了。

不過，自然壟斷現象持續、且競爭受限的產業，情況就不是那麼明朗了。為了對鐵路運輸事業及電力事業引進競爭以圖改善效率，把網路（電力網或鐵路運輸網）的所有權和直接提供服務給消費者的營運業務（供電事業或火車服務事業）區分開來，獲得的結果有利有弊：消費者感到複雜與困惑，廠商則是有很多可利用的機會。很諷刺地，現今在倫敦，我的電腦的電力供應商是法國國有的EDF能源公司（EDF Energy），該公司也正在計劃和一家中國公司合夥，於英國興建一座核能發電站。我搭乘愛瑞發公司（Arriva）營運的巴士去上班，該公司是德國國有的德國鐵路公司

（Deutsche Bahn）全資擁有的子公司。

　　儘管民營化是普遍趨勢，但2008至09年出現一波再國有化潮流，不是思想體系所驅動，而是金融危機所致。歐洲各國把陷入麻煩的銀行業全部或部分國有化，在美國，不僅大型房貸業者被國有化，政府也取得曾經是美國最大公司的通用汽車的大部分股權。雖然，這些行動中有一些後來被完全或部分地反轉了，但這仍然提醒我們，民營化絕非無法改變的趨勢，當出了嚴重差錯時，國家仍然得出面收拾殘局。

一句話說國有化與民營化

政府不善於經營企業。

30 福利國家制度
The Welfare State

資本主義時代之前,就已存在幫助老弱貧病者的社會組織,但通常是地方上慈善性質的組織,來自有錢人或教會。不過,在都市化、工業化以及快速的經濟成長之下,基於某些理由,需要新的組織。

　　在農業為主的、人口與經濟成長緩慢的經濟體中,依賴很基本性質的慈善制度,在經濟與社會面都能維持得住,也被多數人視為是不可取代的。發生經濟危機或饑荒時,統治者往往安排食物發放,有時也會結合推出讓閒散者有事可做的工作方案,提供就業機會。但是,這些全都無法防止近乎所有社會恆常普遍存在的貧窮與嚴重艱困,在每個前工業社會,很大比例的人口直接或間接因為貧窮而過早死亡。

　　但是,伴隨工業化的到來,需要別種方案。馬克思假定在資本主義的邏輯下,資本家將尋求盈餘最大化,因此,他們將支付勞工最低工資,使他們僅能勉強維生,最終,勞工將無法忍受這種狀態,因而訴諸和平或以暴力推翻這體制。但是,政治發展出現了非常不同的轉變,勞工的確組織起來了,但起初,他們尋求更好的工資與工作條件,以及雇主或國家對疾病、失業及老年提供救助與照顧,而非爭取讓勞工取得企業的直接所有權。雇主(以及他們直接或間接控制的政府)最終做出回應,他們害怕勞工抗爭導致工業動盪不安,甚或鬧革命,更有遠見的雇主則是認知到,較健康且富足的勞動力對市場需求面也是有益的。

最早的全國性社會保險制度並非在英國推出（在英國，工會的努力集中於改善工作條件，但這些努力在政治上相當薄弱），而是由帶領德國統一的首相俾斯麥（Otto von Bismarck）推出的。雖然，俾斯麥推出社會保險制度，有部分是為了阻止舉世最大的勞工政黨──社會民主黨（Social Democratic Party）──帶來的政治威脅，但它也有利於德國工業的發展，因為此制度的推出使得遷徙至美國的德國移民大減。隨後，其他歐洲國家也跟進，唯在每個國家的社會保險制度下，仍然有很多人未被納入，大部分的社會保險是透過工會或其他的「互助」公會提供，而非國家提供。

戰後的成長

大蕭條彰顯既有的福利提供明顯不足，戰後期間出現了我們現今知道的更全面性福利國家制度，幾乎每個先進工業化國家都走上這條路。但必須記得的一個重點是，所得重分配──把較富有者的錢轉移給較不富有者或貧窮者──並不是福利國家制度的原始目的，也不是現今的主要功能。從經濟角度而言，福利國家制度事實上有三個主要功能：

1880 年代	1909	1942	1948	1996
德意志帝國首相俾斯麥推出第一個退休金制度。	英國財政大臣勞合‧喬治（Lloyd George）推出「人民預算」（People's Budget）。	《貝佛里奇報告》（Beveridge Report）闡述英國戰後福利國家制度計劃。	英國設立國民保健署（National Health Service）。	比爾‧柯林頓簽署法案，「終結我們所知道的福利」。

不同的模式

雖然，近乎所有已開發國家都有某種形式的福利供給，但其規模及運作方式大不相同。英國有大型國營的保健服務機構，免費提供給所有人民；其他國家有保險制的保健服務，通常由政府管理，但也常有雇主或工會的參與及資助。北歐國家提供優渥的失業與疾病福利，而美國的單身無業者幾乎沒有什麼基本福利。一個主要差別是，普遍適用制度下的福利通常是均一給付額，適用所有人民；而保險制或俾斯麥制之下的福利給付是根據提撥額來決定。但實務上，幾乎所有國家都混合這兩者。

- 養老金（退休金），在多數已開發國家，這通常是國家支出中最大的一個項目，或許部分地把錢從富人手上重分配至窮人身上，但大部分是把年輕工作者的所得轉移給已退休者。由於我們多數人一生都會歷經年輕及年老退休階段，這可以被看成一種為退休而強制儲蓄的制度。
- 非自願性失業（involuntary unemployment）或是健康不佳或殘疾導致的失業的保險，這主要是分攤風險，非所得重分配。
- 多數國家的福利制度有真正的所得重分配成分，但這部分其實遠小於新聞標題陳述的數字，而且，這些所得重分配通常主要不是福利經費支出方式導致，而是課稅方式導致（對所得較高者課較多的稅）。

多數國家也有某種形式的孩童補助，這可能反映一些目的。它就像為了育兒而損失賺錢能力的一種「保險」，也確保人們願意生育，對整個經濟有益，或是防止因為育兒而無法工作或收入不足者陷入嚴重艱難。幾乎所有國家——但值得注意的是美國除外（至少直到最近），保健的取得也被視為福利國家制度的一個重要項目。

福利國家制度的未來

過去十年間，常有政治左翼或右翼人士宣告福利國家制度已死，右翼人士提出至少三個反對福利國家制度的論點：

- 沒有必要。畢竟，私人市場可以對可預見的情況提供保險，例如老年（私部門有很多的退休金服務業者），健康問題（政府只需確保醫療保險市場健全運作即可）。
- 負擔不起。人口結構變化顯示，我們將有更多領養老金者，更少的工作者，技術變革使保健變得更昂貴。
- 有害。過多的福利降低人們的工作誘因。

「歷經時日，福利國家制度已經演變成機能不良，令人感到意外，但某種程度來說，這是被它的成功所害：它在延年益壽方面做得太成功了，以至於在財務上難以支撐下去，除非你做出重大改變，例如改變退休年齡。」

——歷史學家尼爾・佛格森（Niall Ferguson）

　　左翼方面，不少人認為，不僅個別項目福利供給的改變有害，凡是右翼或中間派政府當家時，福利國家制度本身就遭到破壞。

　　不過，這些觀點全都不切實際。雖然，國家將繼續混合運用私部門與公部門提供養老金服務，這項福利給付的樣貌大致上仍將由政府決定。保健方面也一樣，就連在美國，政府的保健支出占GDP比重也高達8%。至於英國，在保守黨主政下，近年間大幅縮減一些福利供給項目，但政府在福利、保健及教育上的支出比例比往昔更高。人口結構與技術變革的確對福利國家制度的金源與組織構成重大挑戰，但身為人民的我們將需求更多來自國家的幫助，確保未來在老年和健康不佳時有保障。

一句話說福利國家制度
經濟的進步有賴於社會的凝聚。

31 工業革命
The Industrial Revolution

十八世紀中期以前，絕大多數人類受雇於農業，生活於農村地區，這種型態持續了數千年，似乎沒什麼特別理由應該有所改變。但是，1760年左右，從英國開始，情況改變了。

　　雖然，前工業時代的西歐人口自十六世紀起就穩定成長，但成長速度相當緩慢，因此，人均所得並無一貫或持續的成長。營養不良與疾病問題大致一如既往，就多數人口而言，生活艱難殘酷，壽命通常很短。現今的我們認為經濟進步或成長是理所當然之事，但那些年代，沒有任何理由這麼認為。新生產流程的問世，終於啟動了改變，製造業的機械化首先在英國帶來轉變，繼而改變了世界經濟，這引領出空前的經濟與人口成長、都市化，以及最終使得絕大多數人口的生活水準持續升高。

蒸汽時代

　　工業革命的重要創新是蒸汽動力（這提供了一個能夠驅動工廠的力源，促成機械化），以及一系列使用蒸汽動力的其他發明，這其中包括紡紗架與動力織布機，改變了紡織品的生產模式，使其從原先的家庭工業轉變為在大工廠中執行的一種工業製程。但還有一大堆其他相互關聯的發展也很重要，煉鐵與鑄鐵技術的進步使得農業機械裝置的生產更為容易，農業大量使用機械之下，騰出更多勞力，轉往工廠工作。運輸基礎建設的發

展，例如道路、水道及鐵路系統，使得貨物更容易推到市場上。

　　這些技術發展仍然影響我們現今的生活方式，它們的經濟、政治及社會後果仍在形塑現代的資本主義。工業化既需要資本主義，也促進資本主義的發展。不同於農業為主的經濟，興建工廠需要大筆投資，公司法與金融制度必須做出調整以促成這大筆投資。伴隨農耕效率的提高，工作者遷移至城市，為工廠提供勞力。競爭激烈，尤其是在發明與發展出新的、生產力更高的機器與製程方面，因此，成功的企業家獲得的報酬巨大，不成功者就只能結束營業。

政治含義

　　就如同工業化需要資本主義，資本主義最終又引領出民主制度。經濟與政治權力從擁有土地的貴族轉移至實業家與商人之類的新資本家階級，也從鄉村地區轉移至城市，這意味的是政府推行促進工業進一步成長的政策。舉例而言，在英國，對進口穀物課徵高關稅的《穀物法》被廢除後，使得國內農業的獲利減少，但在此同時，使城市裡的工作者更能負擔得起食物。

1764	1769	1830	1864
發明珍妮紡紗機（spinning jenny），革命性地改變紗線製造工作。	詹姆斯‧瓦特（James Watt）設計出第一台適合工業用的蒸汽引擎。	世上第一個現代蒸汽鐵路系統開始營運，介於利物浦與曼徹斯特之間。	英國廢除《穀物法》。

　　工廠生產的貨品增加，這意味的是老百姓可以取得比以往更多且更好的產品。十八世紀時，一個普通的英國人大概有一、兩件襯衫，工廠生產使幾乎人人都買得起襯衫。在城市裡，饑荒與營養不良的情形遠遠不像往昔農村地區那麼普遍了，雖然，1845 至 49 年的愛爾蘭馬鈴薯饑荒的確實導因與責任至今仍有爭議，但它發生於以農村和農業為主的愛爾蘭，而非工業化中的英格蘭，這事實明顯反映了經濟與政治權力失衡。整個饑荒時期，愛爾蘭繼續出口食物至英格蘭，大部分用於餵養英格蘭成長中的都市人口。

　　不過，工業化早期，勞工的境況雖優於農村生活，仍然是很糟糕的。發明紡紗架的理查·阿克萊特（Richard Arkwright）可說是現代工廠制度的創始者，他的員工（包括年僅七歲的孩童）經常在危險的工作環境中每天當差十三小時，意外事故很常見，包括致死的事故。生活環境也很差：曼徹斯特和布拉福（Bradford）之類的城市成長太快，住屋及衛生設備都趕不上腳步，因此變得嚴重污染，疾病叢生。

　　但歷經時日，勞工在經濟與政治上組織起來，取得工業化經濟成果的更大份額，實質工資和生活水準提高，尤其是 1830 年左右以後。儘管有來自純粹自由市場主義支持者的反對，政府仍然開始監管勞工工作條件，對工作時間及童工設限。

　　「工業革命是人類史上的一個分水嶺，三股分別來自不明源頭的力量——技術、經濟組織及科學，以此順序——連接起來……在不到一百年前，形成一個強大的社會漩渦，這漩渦至今仍以無法抵擋的激流，把無數新進者捲入其中。」

　　　　　　　　　　　　——經濟史學家卡爾·博蘭尼（**Karl Polanyi**）

> ## 對的地方，對的時間？
>
> 為何工業革命發生於英國，發生於十八世紀中期？我們至今仍然不是很清楚，但蘇格蘭與英格蘭於1707年統一後，國內長期和平與穩定，相對而言較大、且無內部貿易障礙的國內市場，以及堪稱穩定可靠、且能夠因應經濟變化需要而調整的法律制度，這些全都有所幫助。不過，其他國家過去也曾匯集相似的環境與條件，但沒有如此顯著的結果。較具爭議性的一點是大不列顛殖民帝國做出的貢獻：作為一個獲利源頭（尤其是來自加勒比海區的奴隸莊園），作為一個原物料源頭，以及作為一個製造品的專屬市場（尤其是在印度，英國人刻意抑制印度國內紡織品的生產）。

　　工業化快速地擴展至其他國家，到了十九世紀末，美國已經變成舉世領先的工業強權。工業化導致的都市化也激發技術變革及政府角色的擴增，百姓生活品質的大幅提升始於十九世紀後葉，首先是現代用水及下水道系統的推出，接著是電力與大眾運輸，這些進一步促進有時被稱為「第二次工業革命」的都市化。1851至1891年期間，倫敦人口從兩百萬出頭激增至超過五百萬人。

　　我們視為現代資本主義社會的基石是大多數法律與政治制度及架構，包括公司與股票市場，工會及福利國家制度，甚至代議民主制，這些全都是工業革命的直接或間接結果，是促成工業革命的必要經濟組織形式。但是，現今的我們僅有少數人在工廠工作，在多數西方經濟體中，量產製造

業占的比重持續減少。此外，資訊與通訊技術的進步已經開始進一步改變經濟模式，而且，這過程才剛起步，不論我們是否稱為另一場工業革命，其經濟與社會層面的牽連性將不亞於技術層面，即將發生的變化深度可能也不亞於十九世紀時。

一句話說工業革命

人類的大起飛階段。

32 帝國主義與殖民主義
Imperialism and colonialism

早在資本主義發展之前，帝國就已經存在了，有些帝國是權力政治驅動下的產物，有些則是想要開發利用世界其他地方發現的各種資源。儘管如此，很顯然，十九世紀和二十世紀初的「帝國時代」與資本主義的散播同時發生。

關於羅馬帝國，沒什麼特別「資本主義味兒」之處：羅馬人征服民族及領土，用軍力把他們納入一個帝國裡，帝國提供法律與秩序，並保護他們抵禦外來威脅，這促進了經濟發展，但不是資本主義特色的經濟發展。更純粹剝削利用性質的帝國，例如西班牙帝國，主要目的是開採資源（特別是白銀與黃金），讓征服國的統治階級蒙益，但這同樣跟資本主義發展所需要的物質資本累積沒什麼直接關係，尤其是，白銀與黃金並非生產性資產。

1492	1857—58	1881—1914	1922	1947
哥倫布的航行至美洲引發搶奪土地與財富。	印度民族起義（兵變），導致東印度公司將其管理事務移交給英國政府直接控管。	「搶奪非洲」行動，歐洲強權瓜分非洲大陸。	大英帝國占領近四分之一的世界陸地。	印度獨立，開啟去殖民化時代。

帝國主義時代

　　不過，十九世紀時，現代資本主義在英國的發展和帝國時代——大英帝國的巨大擴張，以及其他新興資本主義強權（比利時、法國、德國，以及有限程度的美國）的帝國主義事業——的同時發生，絕非巧合。

　　馬克思以及後來的列寧提出的一個觀點是：資本主義需要帝國主義，由於資本主義的邏輯是產能將大於消費者需求，國內將無賺錢機會，投資就必須瞄向海外，但由於所有工業化國家都將面臨相同問題，因此，唯有靠武力或其他方式把新國家納入版圖中，才有可能做到。十九世紀的發展情形似乎證明了這點，至少就英國而言是如此，新的製造業的確產生巨大的貿易順差，需要大量的外國投資，但不是所有投資都流向先前大英帝國轄下的國家。

　　帝國主義的政治與軍事層面和經濟層面之間的相互作用向來是關鍵。帝國特惠制（Imperial Preference），即帝國轄下國家之間的互惠關稅制，旨在促進帝國內的政治團結，以及因應德國與美國的崛起，維持大英聯合王國的全球商業強權地位。但是，在英國，帝國雖孚眾望，保護主義以及其所導致勞工階級消費者面臨的物價上漲卻遭到詬病，因此，在二次大戰前，帝國特惠制就已經被中止。

「為使英國的四千萬居民免於血腥內戰，我們的殖民地政治家必須取得新土地，以安置這國家的過剩人口，提供新市場……如同我向來所言，帝國是一個攸關麵包與奶油的問題。」
　　——英裔南非礦業大亨、前開普敦殖民地總理塞西爾‧羅茲（Cecil Rhodes）

紡織品貿易

最能例示帝國主義與資本主義之間的相互作用的，應該是英國與印度之間的紡織品貿易了。工業革命之前，印度是遙遙領先的紡織品最大生產地，其貿易由東印度公司控制，大量出口至英國。但接下來一世紀，貿易型態大大改變，以往都是在印度種植棉花，紡、織、染色及製造成布，後來轉變成在美國種植棉花（使用奴隸的勞力），運送至英國，那裡的新工廠用機器把棉花紡紗，再織成布，供英國國內消費及出口至專屬的印度市場。這導致印度的紡織業受重創。

英國的貿易政策 —— 鼓勵出口至印度，對進口貨品課徵關稅以保護英國國內市場 —— 在這其中扮演的角色，迄今仍受到爭議。固然，到了十九世紀中期，由於資本主義發展帶來的創新潮，使得英國紡織業的效率遠高於非機械化的印度紡織業，已經不再需要貿易政策的直接扶植（同樣地，縱使美國廢除奴隸制，也未改變紡織業的發展趨勢）。但是，無疑地，若那段期間，印度不是受英國統治，情況可能大大不同。國內紡織業的重創對印度的政治與經濟發展造成長遠的影響。

去殖民化

　　英國經濟學家約翰・霍布森（John A. Hobson，他的著作成為列寧的理論基礎）很早就指出，若國內需求跟得上產能，資本主義朝向帝國擴張的自然傾向就能受到抑制。

　　確實，二戰後，伴隨新階段的資本主義發展，出現了去殖民化及帝國

的瓦解。在多數先進經濟體，伴隨國內勞方取得經濟成果大餅的更多份額及經濟成長的收益，國內需求的增加大致上與產能的提高齊頭並進，例如，自那時起，英國再也未持續一貫地出現國際收支順差的情形。

帝國與殖民地關係的經濟重要性隨之降低，雖然，在一些層面上，這些關係仍然重要（直到1990年代，戰後前往英國與法國的移民大都來自那些先前帝國屬地的國家），但在貿易層面上則否。英國在加入歐洲經濟共同體（European Economic Community，歐盟前身）時，廢止了殘存的帝國特惠制，它和印度之間的貿易現在也明顯少於它和比利時之間的貿易。

帝國主義本身並不是當前國際秩序的一個特色：縱使在更強大的國家入侵較弱的國家時，主要動機通常也不是經濟使然。例如，阿富汗不太可能在短期間變成美國的一個重要市場；儘管伊拉克有龐大的石油蘊藏量，任何理性的成本效益分析都會指出，入侵該國的經濟成本很大（當然啦，特定公司與產業確實因此獲得很大的經濟收益）。美國更偏好透過拉攏資源豐富國家（例如波灣產油國）的權貴來追求在那些國家的經濟利益，而非直接使用武力。

「若需要對帝國主義給予最精簡的定義，我們必須說，帝國主義就是資本主義的壟斷階段。」

——列寧

新殖民主義

　　但是，這並非指國際權力關係的失衡不再影響經濟發展。「新殖民主義」（neo-colonialism）理論出現，闡述先進資本主義國家如何在不直接訴諸政治或軍事控制之下，使用政治與經濟影響力來確保發展程度較低的國家繼續供應廉價的原物料及容易進入的商品市場。這論點有其一些道理，例如，自去殖民化後的剛果民主共和國的歷史顯示，它不斷受到來自非洲及非洲以外的外國勢力的干預與爭戰，很大部分是因為該國的豐富礦藏。

　　但是，這種對很貧窮國家的直接剝削，現在已經是例外多過於常態。或許，傷害力更大的是，多數已開發國家尋求使用經濟力量來確保國際貿易規則有益於其國內的產業。例如，美國致力於阻止便宜的學名藥（亦即非專利藥品）的生產（往往是在印度生產），以使美國的藥廠獲益，這損及印度及其他開發中國家的製藥商，也損及美國消費者。更公平、更自由的貿易將使所有人獲益。

一句話說帝國主義與殖民主義

剝削經濟學。

33 戰爭
War

專欄作家湯瑪斯・佛里曼（Thomas Friedman）寫道：「有麥當勞的國家從不彼此戰爭，因為它們都有自己的麥當勞。」資本主義有什麼獨特之處而能防止資本主義國家之間武裝衝突，或至少打消這念頭嗎？

　　1999年，佛里曼在《紐約時報》撰文，稱他的觀察為「預防衝突的金色拱門理論」（Golden Arches Theory of Conflict Prevention），他的觀點明顯根基於以下論點：資本主義的發展將降低、最終消除戰爭，因為一旦一個國家達到足以為麥當勞提供具有吸引力的市場的發展程度時，就代表它已經發展出夠大且經濟力夠強的中產階級，使得戰爭有害於多數人口的經濟利益。

　　但是，不久後，美國的戰鬥機轟炸塞爾維亞首都貝爾格勒，自1988年起，貝爾格勒有幾家人氣很旺的麥當勞店。憤怒的暴民攻擊並放火燒毀這些麥當勞店，表達對於資本主義及全球化的經濟規則的不滿。

　　不過，佛里曼的理論並不是新觀點。諾貝爾和平獎得主諾曼・安吉爾（Norman Angell）在其1909年出版的著作《大錯覺》（*The Great Illusion*）中就已經指出，戰爭勝利不再具有經濟利益：

「商業風氣……遲早在每個國家生根，與戰爭格格不入。」
　　　　　　　　　　　　——哲學家伊曼紐爾・康德（**Immanuel Kant**）

被征服地區的人民的生產性誘因將被削弱，那些地區將變得殘破而無價值，因此，戰勝者必須把當地財產留給當地人，在此同時，戰勝者還得負擔征服與占據的成本。

資本主義使征服變得無利可圖

換言之，在工業化之前，戰勝的軍隊可以沒收物質資產（例如金銀財寶），或掠奪戰敗者的自然資源，或使用戰敗者的人口作為奴隸。但是，在資本主義之下，一國的財富取決於它的產能，產能不是可以直接沒收的東西，現代生產方法需要勞力與專長來產生財富，這又需要相當程度的合作。因此，為征服目的而發動戰爭，已經不再是有利可圖的主張。

再者，邁入二十世紀時的快速全球化期間，以及工業國家之間經濟相互依賴之下，戰爭將對所有涉事國家造成損害。這直接衍生自亞當・斯密的論點──自由貿易使所有參與者蒙益，因此，摧毀一個國家的經濟並不會使勝利者因為消滅競爭對手而蒙益，反而會減少貿易，傷害包括勝利者在內的所有國家。《經濟學人》在1913年刊登一篇標題為〈在文明世界

1858	1941—18	1939—45	1975	2011
歷經無數戰爭後，印度變成大英帝國的一部分。	第一次世界大戰終結了第一個全球化時代。	二次大戰確立美國為經濟強權。	越戰結束。	敘利亞內戰開始。

裡，戰爭變得令人無法忍受〉（War Becomes Impossible in Civilized World）的社論，其中寫道：

> 我們和德國之間的商業利益關係已經在近年間大大增強……應該把德國從我們的可能仇敵名單上剔除。

　　但當然啦，資本主義無法阻止衝突，第一次世界大戰終結了這種樂觀主義。很顯然，戰爭不利於主要參戰國的長期經濟利益（若說有受益者，那應該是美國與日本，但它們是比較外圍的參戰國），但這並未阻止戰爭的發生。

雄心勃勃

　　二次大戰後，有一段長的相對和平時期，雖然仍有很多武裝衝突，比起有載於歷史的任何其他時代，人民實際上較不可能死於暴亂。不過，1945至1989年間，持久地存在著蘇聯與北約直接衝突的風險，但或許，資本主義就是需要這衝突威脅的存在，以創造經濟穩定與成長，畢竟，最終把美國與歐洲拉出大蕭條的，就是重新武裝（rearmament），而二戰本身也消除了失業。二戰後，美國尤其訴諸所謂的「軍事凱因斯主義」（militarized Keynesianism），亦即使用凱因斯主義的解方，讓政府大量支出於軍事裝備，藉此解決馬克思提出的「生產過剩，資本主義需要不斷擴大市場」的問題。

　　從這角度來看，竭盡全力地與蘇聯進行破壞力巨大的戰爭，將會造成慘重災難；但偶爾的有限戰，例如韓戰、越戰，以及美國多次干預拉丁美

洲小國以擊退共產主義威脅，這些很有助於確保對於高軍事支出的政治支持，前將軍、共和黨籍美國總統艾森豪（Dwight Eisenhower）稱此為「軍事工業複合體」（military-industrial complex）。再者，由於軍方總是尋求武器的技術進步，軍事支出形成的技術進步將溢出而滲透至更廣泛的經濟中。為因應蘇聯發射第一顆人造衛星「史普尼克1號」（Sputnik 1）而成立的美國國防高等研究計劃署（Defense Advanced Research Project Agency，簡稱DARPA），通常被認為在發展出網際網路技術上扮演很重要的角色。

伊拉克戰爭不是資本主義戰爭

　　諷刺的是，蘇聯的解體，並不是戰爭使然，而是資本主義的經濟績效遠遠更佳。共產主義式微後，資本主義國家對高軍事支出的政治支持度大幅下滑（事實上，對小型戰爭的政治支持度也顯著下滑），雖然，個別商人（通常是和小布希政府關係密切者）確實從2003年的伊拉克戰爭中獲得可觀利益，但很難看出，除了美國經濟付出大成本〔諾貝爾經濟學獎得主約瑟夫·史迪格里茲（Joseph Stiglitz）估計約為3兆美元〕，這戰爭帶給美國什麼利益。雖然，美國及其他國家採取軍事行動對抗伊斯蘭國，但就規模與範疇而言，這稱不上有任何經濟影響性的戰爭。雖然，「軍事工業複合體」在美國仍具有政治重要性，其經濟比重已經大降，從1950年代及1960年代占GDP的10%左右，下滑至現今的3.5%左右。所以，或許佛里曼說的沒錯：資本主義國家瘋了才會彼此戰爭，雖然，它們會打有限戰以捍衛它們的人民，但比較不可能出現有點像以往那種的大規模戰爭。

　　不過，這觀點忽略了一次大戰的教訓。現今世上最大的兩個資本主

歐洲的和平

從人類史肇端到1945年，歐洲一直或多或少的持續武裝衝突 —— 戰爭，
內戰，屠殺，宗教恐怖行動，民族主義者與分離主義者暴動。縱使是較
和平的時期，戰爭或國家暴力的威脅也鮮少遠離。不過，歐洲組成國
（constituent countries）—— 尤其是歷史上的要角，法國、德國、英國、義
大利及西班牙 —— 彼此間戰爭的情事，不僅早已過去，也是如今難以想
像之事。這有多少程度是歸因於經濟整合，多少程度歸因於政治整合及
歐盟，有多少程度歸因於更廣大的全球力量，至今仍存在爭論。

義經濟體 —— 美國與中國 —— 高度互賴，兩方顯然都不想占領對方的領
土，它們雖在許多市場上競爭，但兩國間的貿易對兩國的經濟有益。從經
濟角度來看，軍事衝突只會造成雙輸；但是，它們的利益並非在方方面面
都一致，它們在權力與影響力上的競爭情勢，某種程度相似於二十世紀初
強權之間的競爭。此外，它們將繼續尋求透過技術發展與進步來確保自己
的軍力優勢。無庸置疑，戰爭是不理性的，但歷史告訴我們，這認知並不
會阻止戰爭。

一句話說戰爭

戰爭對商業有害。

34 全球化
Globalization

全球貿易絕對不是什麼新鮮事，古代的絲路並不是一條路，而是一個網絡，絲綢貿易也不是絲路的唯一或主要功能。從基督誕生到第二個千禧年中期，絲路不僅運輸廣泛種類的貨物，也促成人們、文化及思想的移動與交流。

1600年起，歐洲帝國的崛起促成世界貿易的成長，但不是我們現今所知的那種成長形式：不同於大體上市場導向的絲路交易，它是由美洲殖民地化及在亞洲（尤其是印度）的帝國擴張驅動的。在南美洲，主要是貴金屬流向西班牙。但堪稱早期現代全球化最具象徵性的例子是「三角貿易」（Triangular Trade）：從英國及其他國家把槍砲、黃金及珠寶運送至非洲，用來交易奴隸，把奴隸運送至加勒比海地區及美洲殖民地，讓他們投入於種植棉花及菸草，再運回歐洲。

第一波全球化的興衰

不過，第一波真正的全球化發生於十九世紀後葉，其驅動力是工業革命、大規模遷移，以及現代金融這三股力量的結合。製造品的產量巨增意味著需要新市場，而蒸汽船的發明意味著可以更快速、更可靠地把貨物運送到更遠的地方，鐵路系統（通常由來自倫敦市的資本融資建設而成）意味著可以在美洲及印度的港口往返運送貨物。舉例而言，1848年時，印度

沒有鐵路系統，三十年後，它有一萬五千公里（相當於九千英里）的鐵路系統。靠著把製造品銷售至世界各地，英國獲得巨大的貿易順差，為平衡這巨額貿易順差，需要大量的資本外流，這些資本為英國在阿根廷、印度等地的投資提供融資。此外，人的流動量也很大，大都是從歐洲流向美洲。

第一次世界大戰扼殺了這種形式的全球化，兩次大戰期間，世界呈現的是貿易、資本流動，及人的遷移的受限。二戰後，國際貿易歷經了很長的復原期，資本流動則仍然高度受限。

快速成長

當前的全球化也是技術與政治變遷下的產物，重要的技術發展包括資訊傳播、通訊技術、貨物運輸的貨櫃化革命等等。另一方面，布列敦森林制度的瓦解（參見第16章），多數工業化國家移除資本控制，柏林圍牆倒塌，以及堪稱最重要的——中國領導人在1979年決定推動中國轉型成為市場經濟，這些意味著國際貿易與資本流動的障礙大減。

1271	1492	1807	1947	1979
馬可·波羅（Marco Polo）從威尼斯出發，前往亞洲。	哥倫布航行至美洲，開啟貿易與征服的新紀元。	大英帝國廢止奴隸交易。	多國簽署關稅暨貿易總協定（後來的世界貿易組織），開啟戰後世界貿易的擴展。	鄧小平開啟中國的經濟自由化，使中國及其十幾億工作者與消費者併入世界經濟中。

文化的全球化

六年前，我和伴侶在敘利亞的古城帕邁拉（Palmyra）邊上的一處果園喝茶，並向果園園主買了一瓶石榴糖漿，當時，這在西方是一種外國特產。今天，帕邁拉已經被伊斯蘭國好戰分子占領及部分摧毀，他們想把西方資本主義的影響力，以及他們認為伴隨資本主義而來的文化墮落趕出伊斯蘭世界。另一方面，現在，在我居住地的特易購超市（Tesco）就能買到石榴糖漿了。文化的全球化就是如此矛盾，它擴展了我們的視野與閱歷，但在此同時，它激起的反應未必是和善的。

　　這些變化使得1980至2007年間的貿易與資本流動成長速度遠快於全球產出的成長速度；換言之，產出中有極高的比例是在別的國家被消費，金融體系把順差（盈餘）拿來再利用，為逆差（赤字）提供融資。這個全球化時期並非只有貨物貿易，從電話客服中心到觀光及高等教育等等服務也首度成為世界貿易的重要成分。較無形的、但甚至更顯著的成長是人與文化的互連，這是由通訊價格大降所驅動，英語成為世界的標準國際語言，美國文化近乎成為公分母。只有人的流動 —— 人的遷移 —— 仍然高度受限，尤其是尋求從貧窮國家遷往富有國家的那些人。

「伴隨經濟全球化聚積動能，中、美在經濟上已經變得高度互依。這種經濟關係若不是以互利為基礎，或是未能對美國提供龐大益處，將無法享有持久、快速的成長。」

—— 習近平

　　全球化看起來像是資本主義發展及散播至全球下的自然結果，但是，新古典理論或馬克思主義理論都沒有預料到的一個重要差別是：不同於十九世紀的全球化，在這波全球化中，貨物與資本的流動大都不是從較富有國家流向較窮的國家，較富有國家之間的貿易有所成長，更重要的是，較貧窮國家（最重要的是中國）向美國之類較富有國家的出口巨增，伴隨著同樣大量的資本流動。結果，美國現在光是國債部分就「欠」中國超過一兆美元。

全球化與不平等

　　全球化的後果中，最顯著、也最受爭議的一點應該是它對薪資及不平等（參見第42章）的影響，在這方面，新古典經濟學及馬克思都做出了正確預期。如同他們預期的，中國及其他國家的數億低薪但勤奮的勞工加入全球經濟體系，再加上運輸與通訊成本的降低，這促成了「要素價格均等化」（factor price equalization）。亦即，在面對競爭下，已開發國家的低技能水準與半純熟技能水準的工作者的薪資沒有起色，貧窮國家的工作者薪資卻上升。其結果是，全球的不平等程度顯著降低，但國家（尤其是較富有國家）內的不平等程度明顯上升，美國及英國的勞力工作者生不逢時。

「世上有十至二十億最貧窮的人每天沒有食物，受苦於最糟糕的疾病：全球化缺陷。全球化可以做得遠遠更好，但最糟糕的是未能成為全球化的一分子。」

——公共衛生專家漢斯・羅斯林（Hans Rosling）

接下來呢？

2008至09年的金融危機，以及它導致的世界貿易與資本流動減緩（現在，它們的成長速度比總產出的成長速度慢），是否意味著全球化已經中斷，甚或即將反轉？這似乎不太可能。驅動全球化的技術與政治力量將不會消失，在一些層面上可能還會加劇，尤其是服務貿易方面，接下來，已開發國家中將受到威脅的人，很可能是一些服務業中技能水準相對較純熟者。不過，我們應該丟棄「這進程將徐緩且無痛」的錯覺，在全球緊密連結之下，全球危機的傳播速度更快，衝擊將蔓延得更廣，前路將更顛簸艱難。

一句話說全球化

我們全都緊密關聯。

35 中國奇蹟
The Chinese miracle

過去四十年間，中國國家控管漸漸鬆綁造成的全球影響，再怎麼強調都不為過。表面上，沒有比這更能例示資本主義的改變力量了，但是，中國的發展非常不同於資本主義先前促成的轉變。

1984年，我十八歲生日剛過不久，造訪上海，當時，這座城市的天際線是二十世紀初不受束縛的資本主義的遺跡，那時的上海（實際上是外國強權的租界）是東亞的主要金融中心之一。當年，從上海灘矗立許多裝飾風格建築，可以眺望浦東平靜的稻田。現在，浦東的摩天大樓是上海灘那些老建築的五倍高，上海港是世界最大的貨櫃港口，是世界第二大經濟體的經濟中心。

在國家控制下，中國絕大多數人口生活於鄉村，在低效率的集體農場或生產劣質產品的工廠裡工作，幾乎人人都貧窮，但「鐵飯碗」制度確保沒人餓死——明顯不同於共產主義制度早年毛澤東的大躍進運動強迫集體化與工業化所導致的大饑荒。

1921	1949	1979	1979 起	2016
中國共產黨建黨。	中國共產黨在內戰中獲勝。	鄧小平啟動市場導向改革。	中國經濟年均成長率超過 9%。	二十五年來，中國經濟年成長率首次降低至7%以下。

全球影響力

2013年，瑪格麗特・柴契爾辭世的翌日，我現身英國廣播公司（BBC）的某個電台節目，從經濟學家的觀點討論她的歷史重要性。我說：「1979年，一個政治人物掌權，推動市場導向改革，降低國家控管，釋放國家被抑制的經濟動能，這改變了世界，我們至今仍感受到其影響，他的姓名當然是鄧小平。」

西方經濟體的民營化與管制鬆綁算是較溫和的擺盪（其實，在柴契爾與雷根主政之前就已經開始朝此方向發展了），中國的改革開放是幅度遠遠更大的擺盪，是中國的從國家控管轉向市場導向，啟動了朝向真正的全球化資本主義。只不過，在當時，我們西方人大都太專注於我們自己的問題，例如停滯性通膨（stagflation，參見第42章），以及冷戰的最後階段，以至於未注意到中國改革開放的影響力。

　　但是，自從1979年開始改革開放後，中國的經濟年均成長率超過9%，這數字聽起來令人敬畏，但當你了解到這意味的是這個經濟體如今已壯大超過四十倍時，你會更為驚奇。那段期間，大約有四億人從鄉下遷徙至中國西部及東南沿海地區的城市與工廠，超過五億人已經脫離貧窮。

中國不一樣

　　儘管有如此驚人的成果，中國是在由共產黨掌控的國家審慎管理下，

漸進地轉型至資本主義制度。套用啟動並且領導轉型直至1989年的鄧小平的話：

> 我們的社會主義是針對中國的情況量身打造、有中國特色的社會主義，這需要高度發展的生產力，和極其充沛的物質財富。

首先是農業自由化，接著准許創業者創立小企業，在此同時，國營企業減少它們的勞動力。但不論對勞方或資方，國家都未給予自由放任。勞工從農村遷移至都市地區，從低生產力的大型國營企業轉移至生產力較高的私人企業，這些數量雖龐大，但也受到控管。綁定出生地的中國戶口制度仍然使得人們難以從農村地區遷移至城市，因此，中國的城市雖巨大，卻很少出現像其他工業化中的國家（例如印度、巴西、奈及利亞）那樣不受控地遷移至城市的情形。

在此同時，資本取得管道仍然大致上受到國家的控管，大型銀行仍然是國營，外國投資的流入也受到限制。古典經濟學的發展模型會說，中國身為一個相對貧窮、低成本勞力供給充沛的國家，在這快速發展階段，應該會出現貿易逆差，吸引大量投資流入。但明顯相反於這些預測，在中國很高的儲蓄率之下，它事實上出現了相當大的貿易順差，結果，中國融資在美國的投資，而非美國融資在中國的投資。此外，中國使用了種種可能

「中國數千年的歷史中推出了許多改變世界的創新，包括羅盤、火藥、針灸、印刷術，因此，中國再度崛起成為經濟強權，不應令人感到驚訝。」

——美國駐華大使駱家輝（**Gary Locke**）

的總體經濟管理工具來保持高成長及相對穩定，包括財政政策、貨幣政策、提供國營銀行控管信用等等，也小心翼翼地管理勞資衝突，工會大都由共產黨管控。

中國的未來

　　因此，中國仍然遠非一個「正常的」資本主義經濟體。一派觀點認為，中國仍然高度處於轉型階段：歷經時日，資本市場將進一步自由化，經濟、甚或政治上的國家控管將降低，中國家計單位將增加消費，減少儲蓄，中國的制度將漸漸趨向一個正常的資本主義模式。中國當局截至目前為止在結合成長與穩定方面的優異表現，應該讓中國人（以及我們）有樂觀的理由。

　　但是，一個較悲觀的觀點是，在中國的發展型態下，截至目前為止已經累積了巨大的不均衡。許多企業受惠於取得便宜的信貸，每當經濟有下行的威脅時，政府便放寬政策，但這意味的是，許多個人儲蓄被經由國營銀行或影子銀行體系放貸出去，很多貸款可能遠遠無法回收。一旦出了系統性問題，就沒有簡單、不引發重創的解方，其政治與經濟層面的後果難以預料。

　　此外，中國能否逃脫「中等所得陷阱」（參見第11章），是個問號。截至目前為止，中國的兩大成長引擎是資本投資，以及勞動力從農村移至城

「不管黑貓、白貓，會捉老鼠，就是好貓。」

──鄧小平

市，過去數十年間，由於中國要迎頭趕上的層面與幅度太廣了，因此，這兩部成長引擎就已經足夠。但在未來，中國若要終結與先進國家之間仍然巨大的落差，將需要愈來愈多由創新與技術進步驅動的成長。無人懷疑中國擁有充沛的人力資源，但其制度仍將需要改變。

這對其餘的世界有何含義呢？中、美之間貿易關係之大及其重要程度，是世界前所未見，中國對先進經濟體的出口幫助維持低通膨，但或許也抑制了工資水準，中國的巨大貿易順差也導致巨大的全球財政結構失衡，中國擁有超過1兆美元的美國公債。這進一步提高世界兩大經濟體專家的互賴程度，因此，中國的政經動盪可能大大牽連整個世界，中國的短期與長期未來，將影響我們所有人。

一句話說中國奇蹟

正在形塑中的經濟與世界史。

36 自由的土地？
The land of the free?

資本主義雖然誕生於英國，但美國才是它的精神家園。在英國，工業家及新中產階級（視商貿而定）必須奮鬥，以從式微的貴族及農業勢力手上贏得經濟與政治力量。在美國，實業家及新中產階級從一開始就握有支配性政治力。

1861至65年的美國內戰，快速工業化的北方擊敗蓄奴的農業南方，是自由的勝利，也是資本主義與工業的勝利，為美國成為接下來一個半世紀稱霸全球的資本主義經濟強權奠定基礎。

不同的模式

但是，美國與歐洲的資本主義發展相當不同。在歐洲，代表產業勞工利益的工會與政黨要求監管工作條件及分享政治權力，因此，十九世紀後葉，資本主義在歐洲的發展是由勞資雙方的經濟與政治衝突（以及偶爾的鎮壓）主導。

「我們的美國制度——你可以稱它為美國主義，資本主義，你想怎麼稱呼都行，它為我們每個人提供大好機會，全憑我們用雙手去抓住它，善加利用它。」

——美國傳奇黑幫大老艾爾・卡彭（Al Capone）

大西洋另一邊的美國並未發生這種情形。雖然，美國的確出現工會及其他民粹主義者的反資本家運動，他們從未取得像歐洲那樣的權力與勢力，美國也未出現代表勞工利益的大政黨（這有部分是奴隸制遺風的影響，亦即直到1960年代以前，民主黨仍然受制於南方種族隔離元素）。雖然，社會主義、工會主義、無政府主義之類的歐洲思想確實隨著移民（尤其是來自德國及義大利的移民）飄洋過海，來到美國，但多數新到移民把美國視為一個全新開始的機會。取得土地機會的印象——人人都有公平的致富機會，過去很強烈，現在依然強烈。

結果，美國的資本主義模式在許多方面迥異於其他先進資本主義經濟體，尤其是歐洲國家的資本主義模式。在美國，勞工權利及保護薄弱許多，企業業主和企業經營管理階層的權利較強大。在美國，資方可以任意解雇勞工，這在多數的歐洲國家或日本是難以想像的事。美國的社會安全網也相當薄弱：美國迄今仍然沒有全民健保，工作時數較長，有薪假較短。

1776	1861—65	約 1900	1945	約 2026 ？
《美國獨立宣言》。	美國內戰，廢除奴隸。	美國成為世界最大經濟體。	美國生產超過三分之一的世界經濟產出。	中國取代美國，成為世界最大經濟體。

美國例外論

或許，最重要的是，強烈的文化差異依然存在：美國人更傾向於自己創業，更傾向於相信他們有成功的公平機會，也更傾向於接受失敗的風險（並且在失敗後，再次嘗試），這為美國模式帶來重要優點與弱點。美國模式保持高度活力與機動，遠甚於歐洲，美國與歐洲的巨型公司數量相近，但歐洲的巨型公司當中幾乎沒有一個是在過去三十年間創立的，反觀美國，七個當中就有一個是過去三十年間創立的。蘋果、亞馬遜、臉書，在美國以外沒有可與之匹敵者，事實上，它們最可能的挑戰者來自亞洲。

但是，美國活力的負面在於財富與權力的極度集中，尤其是近年間。在目前的經濟榮景期，近乎所有的經濟成長收益都流向所得分配層中最高的1%層級，其餘99%的平均所得沒啥被動。成功的企業家自然獲取高財富，但金融業從業者或企業界的一些人也賺得滿盆滿缽，儘管，他們的工作明顯跟經濟價值的實際創造沒有多大關聯性。

黑暗面

另一方面，欠缺技能或技能水準較差的工作者，或運氣差而其飯碗容易受到自動化或加劇的貿易競爭衝擊的工作者，就難免受苦受害。美國模

「所以，賜予每個人閃亮的黃金機會，不論其出身，每個人都有權生存，工作，做自己，成為他的成年與憧憬結合起來能成就的那種人，這就是美國的許諾。」

——美國小說家湯瑪斯・沃爾夫（Thomas Wolfe）

美國占全球 GDP 比重持續下滑

美國現在仍是舉世最大、最重要的經濟體，但它再也不具有它在戰後大部分期間的單一支配力。曾經，美國生產超過三分之一的世界經濟產出，現在，這比重降低至不到六分之一。這並非指美國經濟縮減，只是意味著它的成長速度遠低於以往，而在同時，別的國家迎頭趕上，尤其是中國。

這具有極重大的經濟與地緣政治影響，但或許也有心理層面的影響，我們曾經認為美國是資本主義經濟模範，但現在，它只是眾多模範之一，儘管它仍然是很重要的模範。

美國占全球GDP的比重

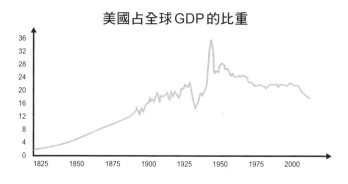

式善於快速地把資本從老舊或失敗的公司重新分配到新的、更有活力的公司手上，但近年，它在重新分派勞工方面表現得效率不彰（尤其是因為許多最快速成長的公司遠遠不那麼勞力密集，特別是科技業）。此外，美國的政治制度幾乎對競選支出不設限，這使得金錢轉化為政治勢力的直接程度遠甚於其他多數國家（參見第24章）。

　　所以，美國如今呈現一種矛盾現象。一方面，美國資本主義顯得很健康，美國依然是世上最富有、生產力最高的大經濟體，美國企業目前稱霸成長最快速、最創新的產業，尤其是科技業。但另一方面，美國家計單位的生活水準大都落後於經濟成長，政治制度大體上未能對此做出反應。不意外地，這導致民粹主義運動的成長，左翼與右翼皆有（尤其是右翼），從所謂的「茶黨」運動，到唐納・川普（Donald Trump）。在國際面向，雖然，美中貿易關係是世界有史以來最大者，也對兩國經濟的持續健康很重要，但兩國之間的政治緊張持續升溫。

　　美國過去曾經面臨相似的挑戰──在邁入二十世紀之時，以及大蕭條期間，那兩次，美國都在沒有傷及其資本主義模式的基本原則下，成功應付。現今的美國政治制度有能力做出反應嗎？這反應會是什麼模樣呢？**繼續致力於約束金融業的無節制，把科技業創造的財富利益拿來更廣泛地分配**？抑或向內轉，在政治及貿易上以更對抗的態度面對中國，結合在國內採行更民粹的政策？未來，美國或許不再像二十世紀後葉那樣支配世界經濟，但它仍然走在資本主義的最前沿。

一句話說自由的土地

美國制霸時代結束。

第 5 部

社會與文化
SOCIETY AND CULTURE

37 消費主義
Consumerism

改善自身物質狀態的人類本能，根深柢固於我們以往的演進史：掌控資源，尤其是食物與居所，使早期的人類更可能繁衍。這個本能也是現代經濟學及我們思考資本主義的基礎，獲取所得與財富以購買物質商品的欲望，是個人工作、儲蓄、發明及投資的動力。

亞當‧斯密闡釋，這些動力不僅有益於個人本身，也有益於整個社會。但是，這引發一個疑問：多少才夠呢？先進經濟體有太多人的所得用於購買食物、居所，及其他物質產品，綽綽有餘，其他經濟體的這種人口比例也愈來愈高。這是資本主義的一個潛在問題：若到了一個時點，我們的產出足敷絕大多數人，以至於更高的所得及更多的消費不再帶給他們什麼益處（參見第46章），那麼，還有什麼能激勵他們呢？成長將停止，我們將進入經濟停滯期。其實，這未必是壞事，這無疑表示我們已經夠滿足於自身物質境況，不需要再試圖進一步改善，但屆時的經濟與社會將改頭換面。

「你無法總是能獲得你想要的，但若你嘗試，有時，你可能會發現你獲得了你需要的。」

——滾石樂團（**The Rolling Stones**）

炫耀性消費

　　所幸（抑或不幸？），這種情況並未出現，至少還未出現。雖然，以我們消費得起的產品與服務的價值來衡量，我們的富裕水準是半世紀前的至少兩倍，但我們消費更多的欲望似乎並未消減。美國社會學家托斯坦‧范伯倫（Thorstein Veblen）在其著作《有閒階級論》（*The Theory of the Leisure Class*）中指出，在階級社會中，炫耀性消費（conspicuous consumption）被用來彰顯經濟地位。能夠消費顯然無用的東西，或花時間於非生產性活動，讓那些經濟高優階級者可以展示他們多麼富有，而社會其餘人則是必須為五斗米折腰，繼續辛苦工作。

　　如今，這個解釋已不再是看似可信了，到處可見炫耀性消費，但我們的社會並不看重炫耀性休閒或非生產性活動：沒人認為任職科技新創公司或投資銀行的人工作不賣力，同理適用於被許多人視為代表消費資本主義（consumer capitalism）前沿產業的工作者，他們生產的產品或提供的服務顯然是「非必要的」。不論你對金‧卡戴珊（Kim Kardashian）有何看法，或者認為她代表現代社會的什麼意義，她絕對不懶惰。

1790 年代	1908	1950 年代	2007
第一家廣告代理商成立於倫敦。	福特推出 Model T 車款，這是第一款中產階級消費者買得起的車子。	戰後消費者社會在美國成長。	首批 iPhone 問世。

計劃性報廢

早年，資本主義嘗試應付「市場飽和」問題，部分解方是計劃性報廢（planned obsolescence）──刻意確保消費性產品的壽命不過長，必須定期汰換。舉例而言，燈泡製造商組成的「太陽神」（Phoebus，以希臘太陽神命名）卡特爾，其成員約定讓燈泡壽命不超過一千小時。今天，這種行為通常被視為犯罪，但仍然存在很多計劃性報廢（但非共謀的結果），從球鞋到智慧型手機，在技術進步或流行的變化與推進下，消費者總是有跟上最新款的壓力。

奢侈品

想知道炫耀性消費的實際面貌，你只需看看停放在摩納哥的超級遊艇的照片，或是《金融時報》週末專刊上的「How to Spend It」版頁。售價數千英鎊的手繪提包，超級明星足球員代言的手錶，解析度高到令人難以置信的電視機，這些東西顯然品質很高，但它們的吸引力可不僅於此，它們主要是擁有者用來展示他們的財富與品味的一種工具。

別輸給左鄰右舍

更近期的社會學家和心理學家指出，在我們對幸福的認知中，相對所得及相對消費很重要。我們拿自己和境況相似的其他人比較，衡量我們相

對於他們是富或窮──所謂的「別輸給左鄰右舍」。因此，不論你落在所得與財富分配的什麼層級，你總是會認為，若稍稍富有一些，你會更快樂一些。就是這種心理，使英國的《每日電訊報》（*Daily Telegraph*）這麼描述倫敦的一對夫婦，他們年所得19萬英鎊，大概位居世界所得分配層級中最高的0.1%：

> 這對夫婦擔心陷入財務困境，因為倫敦中產階級的高生活成本意味著他們捉襟見肘。

這可以當之無愧地成為推特標籤「#firstworldproblems」（第一世界問題）的經典例子！

很顯然，透過廣告與行銷來固化人們的這種心態，非常有利於那些生產與銷售消費性產品與服務的個別企業。只有這樣，繼續生產進階的智慧型手機、平面螢幕電視等等，才符合經濟效益。因此，消費社會的興起，主要是源於這種拿自己與他人相較的人類自然傾向，再結合資本主義強大的經濟力量激勵企業利用人們的這種本能。

消費主義的極限

那麼，消費可有任何上限？實際上是有的。我們能或應該吃多少，多數人可能想要多大的一棟房子，一個家庭實際上能使用多少輛車子等等，這些都有一個上限。消費型態最終必須改變：若地球上的每個人消費的化石燃料量或肉類量相似於一般美國人（或是產生相似的浪費量），我們全

都會有麻煩。中國及印度的消費社會將必須看起來迥異於現今的美國──不那麼倚賴化石燃料作為能源，產生減少的浪費，做更多的回收利用。

　　某種程度上，這已經發生了：電視機、電腦及智慧型手機，這些普遍比二十年前更輕、占據更少的實體空間。但是，龐大的金錢與心力投資於生產更好的新款式──亦即令我們這些消費者更嚮往的新款式。那些本身不消耗實物資源的服務領域，其產品與選擇暴增，例如娛樂及通訊。我們應該可以預期，歷經時日，我們的消費中將有愈來愈多是那些極少或沒有直接實體影響的東西（參見第48章）。

　　這可能在環境上更永續，但仍然是消費。不喜歡過度消費的人可能會希望，隨著我們的物質需要獲得滿足，隨著製造品變得更便宜，服務種類多於製品種類，我們將不再那麼在意和左鄰右舍看齊，更在意我們自己的生活滿意度，以及非物質性東西帶來的樂趣。當然，同樣可能發生的轉變是，我們將花更多時間於向卡戴珊們看齊。

一句話說消費主義

我們全都想要再多一些。

38 失業
Unemployment

若資本主義那麼好，若亞當・斯密的看不見的手能確保資源被最有效使用，為何還會有人失業呢？2015年時，有超過兩億人想要工作，但無法找到差事，約占全球勞動力的6%。有什麼指標比這更能顯示資本主義根本上有缺點？

　　失業往往意味著個人與家庭的貧窮與損失，同時也代表整個社會的經濟潛力的浪費。難怪失業的導因與解決對策是經濟學家看法最分歧的主題之一，失業為何會存在，至少有三種不同的解釋：

- 純粹的自由市場觀點是，因為沒有選擇，或是出於政府干預，人們才會失業。由於存在一個勞動市場，以及供給等於需求之下的價格；因此，若想要提供勞力的人願意把他（她）的價格降到夠低，就會有人雇用他（她）。但是，若政府干預，對失業者提供救濟，

1349	1834	1911	1933	2013
英國頒布第一個《濟貧法》，規定凡是能工作者都得工作。	英國頒布《濟貧法修正案》（Poor Law Amendment Act），推出新制度，旨在使失業變得盡可能難受。	第一個失業保險制度在英國推出。	大蕭條期間，美國的失業率達到25%。	希臘的失業率高達28%。

就會有一些人選擇失業，不願在低薪或不加錢之下工作。維多利亞時代的《濟貧法》（*Poor Law*）制度就是基於這觀點，無法或不願透過工作來維生的人將被強制送進濟貧工廠（workhouse），套用功利主義哲學家傑洛米・邊沁（Jeremy Bentham）的話，濟貧工廠應該成為「有益的可怕場所」，換言之，它們應該要非常惹人討厭，以至於這些人更偏好任何別的選擇。

- 馬克思主義觀點認為，資本主義既導致失業，也需要失業。資本主義的生產模式讓業主有降低成本的誘因，而資本累積讓他們能夠投資於減少雇用勞工的機器，這意味的是，資本總是取代勞力，導致失業（馬克思的「失業者後備部隊」），在此同時，維持低工資及高獲利，進而使新企業得以擴張。因此，在資本主義制度下，失業無可避免，唯有在一個全新的制度下才能保障所有人都有工作。

- 凱因斯主義的觀點是，失業代表總需求不足。若市場完美運作，價格會調整，使供需達到平衡。因此，當需求與價格下滑時，工資也會下滑。但凱因斯假設，短期來看，商品與勞力的價格調整得慢，負擔便落在產出與就業上，導致非自願性失業。需要政府透過財政政策或貨幣政策的干預，才能恢復充分就業。

「失業就像頭痛或發燒，令人不舒服且虛弱，但本身未解釋其導因。」
——提倡福利國家制度的英國經濟學家
威廉・貝佛里奇（**William Beveridge**）

　　但是，這些解釋都沒有充分說服力。縱使在《濟貧法》之下，工資由大致上不受管制的市場決定，但失業率仍然顯著波動。大蕭條期間，許多國家的失業率不僅攀升至空前水準，而且還持續長達十年之久，這使得多數人相信，供需並不會自動平衡。馬克思認為失業將使得工資被持久地壓低，但整個二十世紀工資不斷上升，事實已經全面否定了馬克思的觀點。二戰後，凱因斯主義的需求面管理確實使得失業率降低至歷史新低水準，並且維持穩定達三十年，但到了 1960 年代，多數工業化國家的失業率又再度開始攀升，尤其是在西歐國家。

　　不過，這些理論的每一個也有部分真實性。雖然，少有人會選擇靠失業救濟維生（富有國家的失業救濟金並不慷慨，更遑論貧窮國家），但某種程度上，失業救濟可能導致人們不想工作，或者，最低工資訂得太高，可能使一些相對低生產力的工作者失業。創新與技術進步是資本主義的必要特色，但它們的確會摧毀工作飯碗，導致人們失業，哪怕只是暫時性失業。無庸置疑，凱因斯強調需求面的重要性，這是正確的，2008 至 09 年金融危機及其餘波足以為證。

「不應該有失業，現在有很大比例的勞工因為工資不夠高而無法維生，這是產業的第二職責。產業的第一職責是製造好產品，第二職責是支付好薪資。」

——亨利・福特

歐洲的失業再起

不同於美國，整個1980年代及1990年代，許多歐洲國家出現高失業率，但在2000年代，失業率穩定下滑，在2008至09年之前，已經下滑至低於7%。2008至09年金融危機期間，美國及歐洲的失業率攀升，後來，美國、英國及德國的失業率再度降低至危機前水準，但在法國、義大利、西班牙及希臘，失業率仍然停留在介於10%至25%之間，年輕人失業率仍然較高。這代表這些國家的勞動市場有結構性問題嗎？抑或是失控的撙節下必然的結果？我認為兩者皆是，但不論如何，高失業代表的經濟與人力浪費都是不能被接受的，它導致的不安定對歐盟的未來構成威脅。

摩擦性失業，結構性失業，循環性失業

現行的傳統智慧之見把失業分析為三種因素的結合。首先，總是存在一些程度的摩擦性失業（frictional unemployment），當工作飯碗沒了，失業者必須花一些時間尋找新機會。其次是結構性失業（structural unemployment），導因於勞動市場及其他市場的運作不佳或是未能運作。結構性失業可能導因於失業救濟「太慷慨」，不過，在多數國家，沒有足夠證據證明這點。結構性失業更可能導因於一些潛在工作者不具有需要的技能，或導因於歧視，使一些人無法進入勞動市場，或導因於雇用與解雇的法規使得雇主承受的風險太高而不願雇傭。所有這些因素妨礙求職者與

潛在各種的「工作媒合」過程。結構性失業與摩擦性失業合計構成所謂的「非加速通膨失業率」（non-accelerating inflation rate of unemployment，簡稱NAIRU），這是均衡水準下的失業率，或是穩定通膨率之下的失業率〔譯註：因此又稱為自然失業率（natural rate of unemployment）〕，除此之外，還有循環性失業率（cyclical unemployment），導因於總需求不足。

我們能解決失業問題嗎？

好消息是，我們應該能夠解決失業問題，或者至少解決失業的最大傷害。馬克思說的沒錯，資本主義的確意味著工作飯碗被破壞與創造的恆常循環，但其影響比他認為的更正向。甚至，政府可以藉由提供救濟來鼓勵摩擦性失業，讓勞工放棄現有工作，尋找更適合他們才能的新工作。另一方面，結構性失業並非定數，有種種方法可以降低，包括設法使勞動市場運作得更好，確保教育制度發揮有用的技能，公部門提供就業服務，幫助媒合雇主與求職者。最後，雖然光靠需求面管理並不夠，但它在應付循環性失業方面仍很重要：過去十年間，許多歐洲國家的失業率高升，這顯示當政府忘記善用凱因斯理論時可能發生的後果。

一句話說失業

失業是不必要的人力資源浪費。

39 文化
Culture

當我們談到英國或日本文化時，指的是一特定民族或社會的思想、習俗及社會行為。但是，若多數或所有社會很大程度上由其經濟運作方式來定義，是否存在資本主義「文化」呢？

馬克思和凱因斯都認為，結合良好的政府治理（馬克思指的是共產主義，凱因斯指的是政府干預及管理的資本主義）與經濟發展，將滋養文化發展。我們將能以較少的時間及努力來滿足我們的物質需求，這將讓我們可以把其餘時間投入於無財務性動機的更高追求 —— 音樂、藝術、詩作等等。

資本主義文化，以及文化的商業

實際發生的情形並非如此，相反地，最廣義的文化與娛樂業成為競爭最激烈且全球化的商業，不論是高雅文化（例如國際藝術市場），或流行文化（例如足球或流行音樂）皆是如此，唯兩者之間的分界往往愈來愈模糊。資本主義實際上使得我們花更多時間於生產及消費文化產品，但在資本主義法則下，這些其實也是市場上買賣的產品，跟有形的產品沒什麼兩樣。

　　跟商品與服務一樣，市場動力使得高雅文化及低俗文化的種類與數量都爆炸性成長，現在生產出來的著作、音樂、藝術，遠多於以往。在技術變化與進步下，我（以及數十億其他人）現在可以用一個按鍵就取得一些有史以來最棒的藝術及文學創作，當然也有數量驚人的差勁作品。

　　但是，跟其他領域一樣，資本主義有聚集財富與權力的傾向。由於許多文化產品需要大量投資於行銷及通路，但易於以低成本複製，因此有某些自然壟斷的特徵。舉例而言，全球的電影及音樂產業由少數幾家很大型的美國公司制霸（雖然，也有一些較大國家有欣欣向榮的本地產業，例如印度）。

葛蘭西與文化霸權

　　現代資本主義社會的文化特別偏向資本主義嗎？二十世紀上半葉的義大利共產主義思想家安東尼奧・葛蘭西（Antonio Gramsci）認為，社會的文化典範在意識型態上並非中立，而是隱含地或明顯受到統治階級的左右，文化支配力強化了政治與經濟或「霸權」（hegemony）的支配力。當代資本

1927	1955	2014	2015	2016
美國及英國推出最早的電視廣播。	雷・克洛克在美國伊利諾州創立麥當勞。	三十二億人觀看國際足總會（FIFA）世界盃足球賽。	《星際大戰七部曲：原力覺醒》（Star Wars: The Force Awakens）全球票房超過20億美元。	推特粉絲最多的名人是：1.凱蒂・佩芮（Katy Perry）；2.小賈斯汀（Justin Bieber）；3.泰勒絲；4.歐巴馬（Barack Obama）。

一個好萊塢寓言

二十世紀的資本主義文化中心當然是好萊塢。由柯恩兄弟（Coen Brothers）執導、2016年上映的喜劇片《凱撒萬歲！》（Hail, Caesar!），透過由喬許・布洛林（Josh Brolin）飾演的製片廠經理艾迪・曼尼斯（Eddie Mannix）的眼睛，歌頌1950年代的好萊塢黃金年代。主情節敘述曼尼斯的公司拍攝的一部電影，主角是由喬治・克隆尼（George Cloony）飾演的貝爾德・惠洛克（Baird Whitlock），被一群苦惱於好萊塢製片制度的共產主義編劇家綁架。另一方面，曼尼斯操縱導演、明星及八卦專欄作家的生活，把他們當成機器的齒輪，不當人看，這一切都是為了服務一個權力強大的幕後老闆，如同那些共產主義人士所言，這一切都是為了鞏固製片公司的經濟宰制力，以及資本主義本身的思想支配力。最終，曼尼斯拒絕一份更輕鬆、待遇更好、更資本主義黑暗面——軍事工業複合體——的工作，為的是繼續電影行業中「為上帝服務」的工作。

主義確實有一種很特定的文化——使用英語，大都生成於美國，這意味的是，一些文化現象——例如《星際大戰》（Star Wars）、曼聯（Manchester United）足球隊——可能前所未見地變成全球性現象。

「霸權透過成熟的自由民主資本主義社會的公民社會機制，在文化上及意識型態上運作，這些機制包括教育、家庭、教會、大眾媒體、流行文化等等。」

——社會學家多米尼克・史屈納迪（**Dominic Strinati**）

　　你可以說，這種共通文化是有益的，可促進不同國家人民的相互了解，例如「足球是共通語言」。但更常見的批評是，透過市場施加標準化、通俗化版本的美國文化，犧牲更傳統及更當地的文化。例如，在英國，麥當勞及星巴克取代炸魚薯條店；大眾市場中，美國電影在英國流行，使得法語片生存不下去。如同葛蘭西所言，稱霸的美國文化當然隱含了強烈支持資本主義的訊息，不論是否蓄意為之，從安迪・沃荷（Andy Warhol）的「普普藝術」（Pop Art，基於量產的新技術），到碧昂絲（Beyoncé）及泰勒絲（Taylor Swift）等女性偶像的崛起，種種不勝枚舉的事物呈現了這點。事實上，成功的流行音樂人是當代資本主義幾乎完美的例子。

　　這有影響嗎？畢竟，是消費者自己偏好及選擇吃麥當勞，聽碧昂絲的歌曲，觀看美國電影。在一些人看來，這顯然是有影響的。伊斯蘭國好戰分子在敘利亞及伊拉克的行為，不僅是對軍事或政治事件的反應，也是不勝枚舉的對美國文化帝國主義（傳達個人主義、女性賦權、廢棄過時文化規範──例如對伊斯蘭教的更保守闡釋──等等訊息）的一種反應，雖然更為極端、偏執且暴力，這有點像美國的一些人對同性婚姻、墮胎之類議題的態度，這些議題通常被視為由好萊塢及紐約的自由派資本主義精英人士推動的議程。

「資本主義的文化致力於鼓勵生產與銷售商品。對資本家而言，資本主義鼓勵提高獲利；對勞工而言，資本主義鼓勵提高工資；對消費者而言，資本主義鼓勵增購商品。換言之，資本主義定義各群人，他們根據他們學到的一套規則而行為，採取他們必須採取的行動。」

——人類學家理查・羅賓斯（Richard Robbins）

　　另一方面，左翼人士認為，資本主義已深植於我們對社會的思維（資本主義思想比以往更滲透至我們所看到和讀到的東西裡），以至於不太可能有任何激進的其他選擇。若一個社會中沒有一群人主張要質疑市場必然是資源分配的主要方式，質疑營利動機是經濟運轉之必要，那就很難說服這個社會相信資本主義以外的東西。

　　因此，資本主義文化絕對不是道德上中立的東西，而是更廣的經濟體制的一部分，並且幫助維持與鞏固經濟體制。但是，有什麼別的選擇呢？凱因斯認為，經濟成長將讓文化昇華，並和生產物質產品與服務的商業有所區分，這觀點現在看來似乎天真。但葛蘭西的觀點同樣天真，他希望發展出一個自主的勞工階級文化，假以時日，這文化將奪取文化霸權，進而推翻資本主義。經濟成長或許意味著文化將漸漸變成我們生活中更重要的部分，但是，只要我們仍然生活於一個以資本主義為主的經濟體中，獲利原則將意味著文化是由市場形塑。跟其他領域一樣，創造性破壞（參見第10章）將使文化繼續演進，或許，對某些人而言，這演進速度太快了。

一句話說文化

資本主義普及，資本主義文化也普及。

40 進化論
Evolution

十九世紀是科學與經濟皆空前發展的時代，無疑地，最富有社會與文化含義
的發現是進化論。就如同馬克思改變了我們對於經濟力量如何影響社會結構
的思考方式，達爾文（Charles Darwin）改變了我們對於人類起源的自然過程
的思考方式。

自然選擇論主張，具有特定特徵的個體較可能存活，進而繁衍，把這
些特徵傳給下一代（視這些特徵能被遺傳的程度而定）。這顯然可以類比
於市場經濟中成功企業的生存與成長，較不成功的企業破產或被接管。誠
如達爾文的解釋：

> 那麼，可不可以這麼想……在數千世代的過程中，有時應該會
> 發生對各種生物在大而複雜的生存鬥爭中有用的其他變異？若這
> 的確發生，我們是否可以懷疑（別忘了，誕生的個體比可能存活
> 下來的個體多出很多），比起其他個體，具有任何優勢的個體，
> 不論這優勢有多小，將有最佳機會存活下來，生育後代？另一方
> 面，我們可能確信，任何有害的變異，哪怕是最小程度的變異，
> 都將被消滅。這種保留有益變異及去除有害變異的現象，我稱之
> 為「自然選擇」（Natural Selection）。

達爾文與馬克思

　　馬克思很快就認知到達爾文的觀點和自身觀點的類比性，他認為達爾文為他的階級鬥爭和從資本主義到共產主義的演進史理論提供了一個知識支柱。但是，不意外地，現實裡的資本家看法很不同。若進化論裡的「適者生存」原則成立，那麼，任何對它的干預可能使物種中的個別成員受益，但應該對整個物種有害。同理，在資本主義中，任何限制競爭的措施雖可能對工作者及效率較低的競爭者有益，但必然對整個經濟與社會有害，誠如工業家安德魯・卡內基所言：

　　不論仁慈與否，競爭法則就是如此，我們不能逃避它，別無替代。雖然，這法則有時可能對個體殘酷，但這對於競賽最好，因為它確保在每個部門適者生存。

　　石油大亨約翰・洛克菲勒也曾經把「一個大企業的成長」比作「一種自然法則的運作」，他的企業在巔峰時，是截至當時為止世界史上規模最大的企業，而且是大非常多。

1831	1859	1867	1925
達爾文搭乘小獵犬號（HMS Beagle），啟程前往南美洲。	達爾文出版《物種起源》（The Origin of Species）。	馬克思出版《資本論》第一卷，他後來送了一本給達爾文。	希特勒出版其自傳《我的奮鬥》（Mein Kampf），他在此書中經常誤用進化論的概念來辯護他的亞利安人種優越性觀點。

但是，資本主義與進化論的直接類比，就只有這麼多了。公司成功的歷程與機制其實相當不同於物種進化的歷程與機制，物種進化是經由隨機突變，這些隨機突變中的一些是有益的（但絕非全都有益），使生物體更可能存活與繁衍，因此，它們在下一代變得更普遍。但公司的生存取決於它們是否得宜地調適於市場環境，這又取決於公司裡的管理者或工作者做出的決策，這些決策很少是隨機、任意的。

社會達爾文主義

達爾文理論被應用於社會過程，同樣也是被較負面的力量取用。一些「社會達爾文主義」（Social Darwinism）的擁護者認為，文明世界保護弱者，使他們得以生存，這阻礙了人類的進化。達爾文本人不認同這觀點，他強調合作對於人類這種群居性物種的重要性。

但是，這派思想最終引領出優生學，優生學的觀點是，我們可以藉由確保較弱的個體及群體不繁衍，來改善整個物種。它也被用來為種族主義辯護：歐洲白種人自然地認為他們在進化階級上高於非洲人和亞洲人，儘管這觀點沒有科學根據。而這種種族主義又為帝國主義提供唾手可得的理由：若原住民無法對抗歐洲國家的經濟與軍事力量，顯然就不適於生存。

「達爾文引起我們對自然界的技術史的興趣，亦即植物與動物的器官的形成，哪些器官作為維持生命的生產器具。那麼，人的生產器官的歷史，那些作為所有社會組織的物質基礎的器官的歷史，難道不值得同等的關注嗎？」

——卡爾・馬克思

達爾文的樺尺蛾

用以解釋達爾文理論的最著名的早期例子之一，是直接由工業革命所啟發。樺尺蛾（peppered moth）大都是白色的，但經常會突變成黑色，在工業革命之前，黑色蛾很快就會被鳥類發現及吃掉，但自從曼徹斯特的工廠冒出的煤煙使樺尺蛾枝棲的樹木被污染變黑後，黑色就變成能幫助樺尺蛾逃過被鳥類發現而捕食的保護色，於是，樺尺蛾大量突變，黑色變成牠們的主色。英國於1956年起實施《空氣清淨法》（Clean Air Act）後，這種演化過程開始反轉。這個簡單例子例示兩個概念，這兩個概念都對企業與經濟體的運作方式有重要含義。第一個概念是環境的重要性：白色或黑色都不是客觀上較佳的顏色，得取決於更廣的環境。第二個概念是調適力的優點：通常，突變對個別樺尺蛾而言是壞事，但整體來說，突變使整個物種得以存活。

最終，這觀點跟納粹主義扯上關係，使它名聲敗壞，二戰後，絕大多數自然科學家極力強調進化論是一個有關於物種進化的科學理論，對人類社會沒有什麼意義。

演化經濟學

迄今，優生學以及它和種族優越感的關聯性仍是禁忌，不過，把進化論原理應用於思考經濟體如何發展的「演化經濟學」（evolutionary economics）倒是在近年間再度流行起來。傳統的經濟模型大都假定效率取決於「理性的」經濟參與者如何在一些固定的限制條件下追求他們的利益最大化，亦即，他們把外部環境視為固定不變。反觀演化經濟學則是聚焦於「適應效率」（adaptive efficiency），亦即經濟參與者如何調適於環境的改變。這是基於熊彼得的創造性破壞理論——經濟進步不僅是由個別廠商追求獲利最大化所驅動，也由較不成功的廠商破產、而更成功或創新的廠商昌盛所驅動（參見第10章）。此外，使得企業成功的特徵（例如一個創新產品、一種管理方法等等）將在經濟體系中傳播與推廣。

這種概念也可用於思考經濟體在現實中的演進。跟經濟體一樣，物種與生態系並不是平順地進化，進化過程中也會發生更快的變化，集群滅絕，個別物種的種群可能大增與大減，在經濟體中也可以觀察到這些現象。生物學界現在的主流是更成熟的進化觀點，認知到個體及小群體之間的合作、利他行為，與競爭的重要性，這觀點也出現於經濟學領域。

尤其是2008年金融危機之後，愈來愈多人感興趣於使用能夠在經濟模型中複製危機的研究方法。達爾文的理論能否幫助我們決定政府應該增稅多少，或是幫助我們預測下一個大衝擊呢？幾乎可以確定不能。但是，一個資本主義經濟體並非只是一個市場或一群市場，跟自然界一樣，它是一個不斷變化中的生態系。

一句話說演化論

適者生存。

41 貪婪
Greed

多少才夠？到了那個點，賺更多錢以過舒適生活的欲望就變成貪婪了嗎？這重要嗎？經濟學教科書說，你變得愈富有，就應該會變得愈不關心賺更多錢，這是基於「邊際效用遞減」（diminishing marginal utility）的概念。快樂或幸福的衡量指標似乎大致上確證這點。

根據多數研究，通常，若你是窮人，多得10,000美元將使你快樂許多，但若你已很富有，這多增加的10,000美元不會使你的快樂水準增加多少。若真是如此，何不把最高稅率提高到80%或90%，重新分配錢，使窮人更寬裕，同時又不怎麼損及富人的快樂程度呢？或者，也許我們可以徵收很高的財富稅，或對薪資設定上限？就是基於這些理由，世界知名的不平等程度衡量專家安東尼・阿特金森（Anthony Atkinson）認為，我們應該把所得稅最高稅率訂在至少70%，而《二十一世紀資本論》（*Capital in the 21st Century*）一書作者湯瑪斯・皮凱提主張在此之外課徵全球財富稅。

「富人跟我們不一樣。」

——史考特・費茲傑羅（F. Scott Fitzgerald）

「是的，他們更有錢。」

——海明威（Ernest Hemingway）

　　但現實中，多數先進經濟體沒有這麼做，事實上，趨勢一直朝反方向發展。問題似乎在於，那些已很富有的人其實想要變得更富有，不論這是否使他們變得更快樂，或是否他們「需要」變得更富有。一年賺100萬美元的投資銀行從業者，想為了一年1,000萬美元的所得而操盤避險基金；在美國，平均年薪幾百萬美元的棒球員，為了從億萬富豪球隊老闆那裡爭取到更多錢而發起罷工。諸如此類有錢人想賺更多錢的例子，不勝枚舉。

　　若報酬更小或更受限，企業領導人、創業者，或足球員會為了他們的成功而較不努力，創造較少的財富嗎？就某些方面來說，大概不會。很少證據顯示，在「績效相關獎酬」制度之下，高階主管會表現得更好，其實，很常見的情形是，高階主管獲得的獎酬跟他們的實際績效表現沒有多大關聯性。也沒有多少跡象顯示，執行長的薪酬與美國公司一般員工的薪酬比率從1965年的20：1提高到現今超過300：1，同時整體企業績效表現也進步了。雖然，高酬勞的運動明星的確是很傑出、非常有幹勁、有才華的人，他們大概跟五十年前酬勞遠遠較少的運動明星沒多大差別。

1916	1973	2015	2016
約翰・洛克菲勒成為第一個億萬富豪，擁有的財富相當於現今幣值的3,000億美元。	英國的最高所得稅稅率提高至83%。	足球巨星C羅（Cristiano Ronaldo）年薪約2,200萬美元。	谷歌執行長桑達・皮采（Sundar Pichai）年薪約2億美元。

只是為了繼續得分

但從其他方面來看，變得更富有似乎是重要的。微軟、谷歌及臉書激烈地競爭，並非因為它們的創辦人及業主「需要」賺更多錢，而是因為投入時間及心力於創立一家成功新創公司的那種人，也是想要公司成長得愈來愈大的人。不是只有已經很大的公司如此，無數科技業新創公司的創業者每週工作七、八十個小時，冀望其事業可能成為下一個臉書，雖說這希望渺茫，但並非完全不可能。

在這種情況下，錢本身不是目的，套用美國石油富豪哈羅森‧杭特〔Haroldson L. Hunt，曾經是世上最富有的人，早年熱門的美國電視影集《朱門恩怨》（*Dallas*）裡的角色 J. R. Ewing 就是以他為原型〕的話，只是為了繼續得分。我們全都知道，不論比賽獲勝有無獎品，沒有記分制的比賽就是沒那麼有趣，激勵作用小得多。

也可以說，富者想變得更富有的欲望既創造了財富，也為我們其餘人創造了稅收。儘管許多人可能覺得這背後動機可疑或無法理解，但無疑地，我們確實受益。谷歌或臉書從事的活動或許有很多令人擔心之處，但總的來說，我們在過去二十年間看到的技術創新風潮以及持續競逐更大進

「這世界說：『你有需求，你應該滿足它們。你擁有的這個權利跟有錢有勢者一樣多，不需猶豫，儘管去追求滿足你的需求，事實上，你應該擴大你的需求，需索更多。』這是現今世俗的信條，他們相信這就是自由，但這帶給富人的結果是孤獨與自殺，帶給窮人的結果是嫉妒與謀殺。」

——節錄自杜思妥也夫斯基（**Fyodor Dostoyevsky**）的著作
《卡拉馬助夫兄弟們》（*The Brothers Karamazov*）

快樂方程式

金錢無法為你買到快樂嗎？呃，其實是能的。現在有很多經濟研究檢視快樂、生活滿意度，或幸福方面的問卷調查，試圖釐清經濟境況較好的人是否比較快樂。大體而言，答案是肯定的：平均所得較高的國家，在調查中呈報的平均快樂水準較高；在國家內，收入較高的人的生活滿意度較高。

但是，金錢不是萬能的，金錢絕非一切。通常，你變得更富有後，需要更多的錢才能使你的快樂感提高，如圖所示，每次你的所得增加一倍，你的生活滿意度將提高大致相同的幅度：從所得10,000美元提高至20,000美元，產生的生活滿意度提高幅度大致相同於從所得50,000美元提高至100,000美元。

超過一個相當適中的所得水準後，其他東西 —— 關係、健康、夠滿意的工作 —— 變得明顯更為重要。若你其實並不窮，那麼，對你而言，愛情確實勝過麵包。這顯示，雖然，政府憂心經濟成長、失業、貧窮等問題是合理的，但就個人而言，若我們有份不錯的工作，那麼，在我們的優先順序清單上，薪水的排序應該相當低。

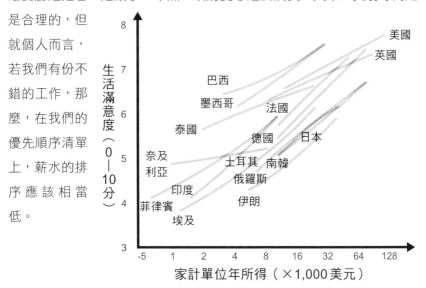

展，確實使消費者獲益。

換言之，就算傳統經濟學無法解釋，而心理學說可能對一些人相當有害，但是，當代資本主義受益於一小群高度貪心者的存在與努力。再者，若我們夠幸運，一些億萬富豪可能會覺得有義務把他們部分的錢回饋給社會，就像十九世紀末期被稱為「強盜大亨」（robber baron）的資本家正如洛克菲勒、卡內基及亨利・弗里克（Henry Clay Frick）。

需要貪婪？

那麼，若我們想限制或消除「貪婪」，但同時又保留資本主義經濟的活力，該怎麼做？課更高的稅或限制高階主管的薪酬，其傷害性可能比許多人想像的要低，公司仍然能夠聘用執行長，歐洲冠軍聯賽仍然會舉行。尤其是金融業，完全看不出限制高階主管高得過分的財務性酬勞會對更廣的經濟造成什麼傷害，很可能反而有益呢。

不過，競爭以及「贏」的欲望似乎確實對資本主義的好壞兩面都屬必要。我們的確可以（若我們集體選擇這麼做）使貪婪行為變得更不為社會接受，且經濟上更難做到，但這當然得付出代價。

一句話說貪婪

貪婪或許不好，但不是全然有害。

42 不平等
Inequality

所有社會都出現不平等現象，但有些國家的不平等程度更甚於其他國家。馬克思說，資本主義將導致永遠不斷升高的不平等，因為愈來愈大比例的經濟產出將由一小群擁有及掌控生產工具的資本家取得。但這真的無可避免嗎？

十九世紀末及二十世紀初，確實出現所得或財富流向前1%或前10%的比重顯著升高的情形，不平等問題加劇，似乎確證了馬克思的看法。但後來，這趨勢不僅停止，還大幅反轉。在美國，政府的干預終結了「強盜大亨」資本主義時代——某些人使用他們在策略性產業中的壟斷地位，在幾乎沒有競爭之下，取得巨大獲利的時代。稅負及通膨侵蝕繼承的財產（往往是工業前時代繼承的），某些財富甚至被大蕭條完全摧毀。最重要的是，戰後的福利國家制度在資本主義經濟的基本框架中重分配所得與財富。

「最棒的國家……不是擁有最多資本家、壟斷事業、大舉攫取、龐大財富……的國家，而是有最多家園與永久所有權、財富高低不那麼懸殊的國家。」

——美國詩人華特・惠特曼（Walt Whitman）

不平等問題回歸

　　但是，1970年代中期以後，不平等問題再度回溫。失業率攀升，凱因斯經濟學的成功導致停滯性通膨——結合物價上漲與低成長。柴契爾與雷根主政下，福利國家制度削弱（但未廢除），透過稅賦及社會安全制度來縮小貧富差距的程度降低，在經濟管制較寬鬆及工會力量減弱之下，較高收入者和較低收入者之間的落差加大。

　　還有其他更深層的作用力。生產流程的改變，以及技能水準重要性的提高，使得教育程度高或具有特定技能的工作者獲得的薪資溢酬增加。不平等的擴大是市場經濟的結果：高技能水準的工作者對雇主的價值較高，因此薪酬也較高。若試圖直接縮減薪資不平等，將會傷害經濟：若你擔心薪資不平等對社會的影響，顯然的矯治方法應該是改善教育與訓練制度，提高工作者的競爭力。

　　但最近，有人對這觀點提出挑戰。法國經濟學家、《二十一世紀資本論》一書作者湯瑪斯・皮凱提認為，戰後期間是例外，技術變化驅動快速成長，勞動力的成長及政治環境有利於所得及財富的重分配。他認為，長期而言，我們將回到以往的情形：資本愈來愈集中於少數人之手，資方將獲得整個經濟大餅中愈來愈大的份額。

1873	1942	1979—80	1979	2015
馬克・吐溫（Mark Twain）的著作《鍍金年代》（The Gilded Age）敘述一個快速成長、但很不平等的社會，財富水準最高層的10%美國人擁有至少四分之三的財富。	《貝佛里奇報告》規劃在戰後於英國推出福利國家制度。	瑪格麗特・柴契爾和隆納德・雷根當選，開啟先進國家不平等程度大幅攀升。	中國的經濟起飛，使得全球不平等降低，持續至今。	財富水準最高層1%的人現在擁有約一半的世界總財富。

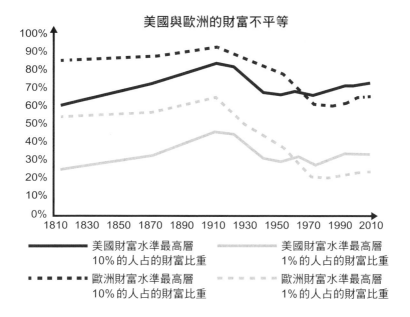

美國與歐洲的財富不平等

── 美國財富水準最高層 　10%的人占的財富比重	── 美國財富水準最高層 　1%的人占的財富比重
▪▪▪ 歐洲財富水準最高層 　10%的人占的財富比重	▪▪▪ 歐洲財富水準最高層 　1%的人占的財富比重

　　皮凱提的論點有兩個核心部分。其一是，投資資本報酬率（乃至於財富的報酬）高於、且將繼續高於經濟成長率。事實上，許多評論家說，皮凱提的這本厚達七百頁的著作可以總結為一個簡單公式：r ＞ g（資本報酬率大於經濟成長率）。這意味的是，累積時日，資本以及資本產生的所得的成長將快於勞動所得。

　　其二是，資本的所有權將愈來愈集中於社會的最富有者（前1%左右），這將導致政治權力愈加集中於富人手上，進一步減緩成長，抑制重分配所得或財富的政治行動。

　　皮凱提的理論以及他用以支持理論的實徵證據都引發熱烈辯論。但他應該會率先承認，這些預測並非無可避免：未來會發生什麼，主要將取決於政治體制如何反應。

一個全球觀點

　　對於皮凱提的論點，最重要的批評應是如下：他的論點是純粹從已開發國家的角度來分析，若檢視整個世界，就會浮現一個很不同的樣貌。過去四分之一個世紀的真實情境是：一個全球的「中產階級」崛起 ——不是美式或歐式的中產階級，而是新興經濟體中那些不貧窮、但年所得可能至多約5,000美元的人；在此同時，較富有國家的較低所得群境況很糟糕。這反映前者因為他們的國家併入全球經濟體系而獲得更多機會，但後者卻面臨更大更多的競爭。某種意義上來說，這也是一個現代版本的馬克思主義概念 ——「失業者後備部隊」拉低了全球的工資水準，使資本業主受

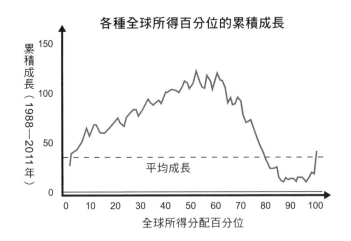

各種全球所得百分位的累積成長

累積成長（1988—2011年）

平均成長

全球所得分配百分位

「當資本報酬率大於產出及所得的成長率……資本主義將自動地產生不合理且無法支撐下去的不平等，大大傷害作為民主社會基礎的唯才主義價值觀。」

——湯瑪斯‧皮凱提

不平等對成長有益嗎？

若人人平等，就沒有工作或投資的誘因了。美國經濟學家亞瑟・歐肯（Arthur Okun）總結傳統智慧之見，闡釋「平等」與「效率」之間的消長與取捨。舉例而言，高稅率以增加稅收，為較高的社會福利支出提供資金，但這可能也會導致降低私部門的努力意願，從而使得經濟成長下滑。但最近，這傳統智慧之見遭到質疑——通常是來自國際貨幣基金之類高度傳統的組織。幾乎沒有人認為能夠達到完全均等的境界，也沒有人認為這是一個值得嚮往的境界，但是，有很多理由支持何以過大的不平等可能傷害成長。嚴重的不平等可能使窮人健康狀況變差，無力負擔孩子的教育，這些將傷害生產力。若不平等導致負債增加，可能升高金融的不穩定性。若財富太集中，富人可能掌控政治流程，並使用它來維護他們本身的力量與財富，導致經濟停滯。關於這些的證據並不明確，但愈來愈強的共識是，不平等達到一定程度時有害，某種程度的重分配不僅符合社會正義，也有益於經濟效率。

益，這些資方的財富也大增（若財富水準最高層的0.1%、特別是最高層的0.01%的境況沒有比225頁圖明顯更佳的話，那可就令人驚訝了）。

　　這呈現非常不同的不平等演進，至少，從全球角度來看，非常不同於皮凱提從已開發國家角度描繪的不平等面貌。那麼，我們應該擔心的是國家內的不平等情形，抑或整個世界的不平等情形呢？相較於新興經濟體內有大量人的所得快速成長，一些富有國家內所得與財富愈來愈集中於很少

數人的趨勢達到什麼程度，將在政治與經濟上產生重要影響？

　　顯然，不平等的擴大是資本主義無可避免的結果，再者，過大的不平等可能造成嚴重的經濟傷害。問題在於我們的國家層級與全球層級的政治制度是否能應對這挑戰。

一句話說不平等

不平等是政治課題，也是經濟課題。

43 貧窮
Poverty

耶穌說，常有窮人和你們同在。不過，貧窮水準以及對貧窮的定義，已經隨著時間而大大改變，各國境況也變化甚大。

　　不論依據什麼標準，縱使用當時標準來看，前工業社會的貧窮程度都相當高，大量的人僅僅勉強維生或低於維生水準，多數人務農。在此同時，相對少數的人相對地很富裕，因為他們擁有土地，或是因為他們能夠從土地上的工作者身上榨取盈餘。這還未計入農奴及奴隸，在工業化之前的絕大部分時代，世界絕大部分地區都有農奴及奴隸。

　　相較之下，資本主義及工業化為廣大的農村人口擴展了經濟機會。在十八世紀與十九世紀第一次工業革命的英國，人們遷移至城鎮，前往工廠工作，他們通常賺取低工資，有時生活於很糟糕的環境中，但他們自願這麼做，因為物質條件仍然勝過留在農村地區。

1700	1979	2000	2015	2015
世界人均GDP約為每天2美元。	中國開始經濟改革，最終獲致人類史上最大規模的減貧。	聯合國訂定千禧年發展目標（Millennium Development Goals）。	全球有8.36億人每天靠不到1.25美元維生，這金額不到1999年時的一半。	世界領袖通過永續發展目標（Sustainable Development Goals），旨在2030年前完全消除貧窮。

　　此後，這種經驗在許多國家一再發生。我們往往聚焦於城市貧民窟裡看到的貧窮與匱乏，但是，人們從農村遷移至城市貧民窟，不是沒有原因的，通常，他們來自的農村境況遠糟於城市貧民窟，城市貧民窟起碼提供工作與機會。舉例而言，孟加拉的紡織業因血汗工廠而惡名昭彰，那些血汗工廠裡的勞工（多數是來自農村的女性）被剝削與苛待，縱使是管理適當、避免最糟糕苛待的紡織工廠，以西方標準來看，工資也稱不上好。但事實上，一般來說，在工廠裡工作的孟加拉婦女的經濟與社會機會都遠優於農村地區婦女。其實，過去十年間，孟加拉的整體貧窮程度已經大大減輕，這有很大部分歸功於紡織業提供的賺錢機會增加。此外，還有正回饋效應：當女性有更大的賺錢及參與經濟的機會時，她們較不可能早婚，大概生育的孩子也較少，使孩子能獲得更好的教育，這一切有助於在未來減輕貧窮。

貧窮已減輕

　　這種進步已發生於世界大部分地區。過去三十年，過絕對貧窮（absolute poverty，定義：每天靠不到1.25美元維生）生活的世界人口顯著減少，尤其是在工業化快速推進的中國。現在，多數赤貧者生活於撒哈拉以南非洲及印度，大都在工業化未觸及、資本主義還未能產生大幅影響的農村地區。

「平民得以脫貧的例子僅出現於實行資本主義及大致上自由貿易的地區，若你想知道哪裡的平民變得愈加貧窮及最貧窮，恰恰是那些背離資本主義與自由貿易的地區。」

——米爾頓・傅利曼

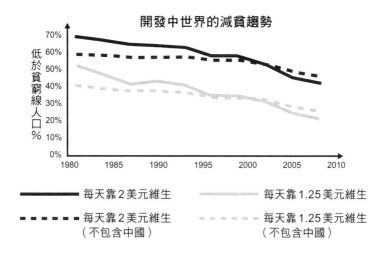

開發中世界的減貧趨勢

低於貧窮線人口%

—— 每天靠2美元維生　　　　　　—— 每天靠1.25美元維生

╌╌ 每天靠2美元維生
（不包含中國）　　　　　　　　　╌╌ 每天靠1.25美元維生
（不包含中國）

　　這些統計數字似乎支持「資本主義是減貧的最佳經濟制度」這個主張，但是，可能有人會問，那為何最先進的資本主義經濟體中仍然一直存在貧窮呢？美國及英國之類的國家，產出的水準遠多於確保滿足所有人民的物質需求，凱因斯已經預見了整體所得提高的趨勢，所以，他的結論是，我們將不需擔心貧窮或匱乏，因為產出將綽綽有餘：

　　人類有史以來將首度面臨真正恆常存在的問題——科學與複利使
　　他擺脫了迫切的經濟需求，接下來，他該如何使用閒暇時間，過
　　得明智、愜意且舒適。

「貧窮帶來恐懼與壓力，有時也造成意志消沉；這意味的是無數的小小屈辱與艱辛。憑藉自己的努力擺脫貧窮，這是值得引以為傲的事，但是，只有傻子才會把貧窮本身浪漫化。」

——J. K. 羅琳（J. K. Rowling）

相對貧窮與絕對貧窮

實際上，我們通常以相對觀念來思考富有國家裡的貧窮；換言之，主要不是饑餓或低於基本維生水準的那種貧窮，而是生活水準遠低於一般人的那種貧窮。在多數先進國家，貧窮的標準定義是所得低於中位數60%，很多證據顯示，在這種定義下的貧窮既降低人們充分參與社會的能力，

也減少自己以及孩子的可能性及生活機會。以此標準來衡量的貧窮，雖在戰後期間減輕，但現在不再減輕了，事實上，在許多國家，近年還上升了。

縱使是富有國家也仍有窮人

但實際情形並不像凱因斯的結論。雖然，已開發國家幾乎已經完全沒有絕對貧窮者，但一般認為，貧窮並非僅指有足夠的錢維生，也得看時間與地點。一個普遍的定義是，貧窮關乎有無足夠所得而能夠以有意義的方式參與社會（凱因斯大概會同意這定義）。而且，縱使在最富有的國家，貧窮最糟糕的一面也沒有完全消除，2015年時，英國有數十萬人使用過食物銀行的救濟，多數是因為他們負擔不起食物。

　　這種現象的解釋並不難找到。是否貧窮，並非只是關乎我們生產了多少，也關乎所得與財富的分配，這又取決於現行的經濟與政治結構。二戰後，在福利國家制度、社會安全制度，以及退休金制度的建立下，幾乎所有已開發國家都出現貧窮大幅減輕；在此同時，在近乎充分就業（至少就男性而言）及強大工會之下，中低收入者的薪資大幅成長。

　　但是，並不是資本主義的經濟結構使得這情況必然發生，所有這些變化是戰後政治和解的結果。而且，過去三十年間，這些變化當中有許多已經大大反轉，發生這種反轉最顯著的國家如美國及英國，以及受到金融海嘯衝擊最嚴重的歐洲國家如希臘及西班牙，貧窮都上升了。

　　因此，我們面臨一個矛盾。一方面，資本主義的確是使開發中國家的大量人民擺脫貧窮的最佳途徑，可能也是唯一途徑，但是，一波漲潮不能抬升所有船隻，光靠資本主義，無法確保所有人取得參與社會的必要經濟本錢，為此，我們需要其他經濟、社會與政治制度。開發中國家需要保健與福利制度，以保護那些在國家變得更富有的過程中失敗或蒙受損失的人；所有國家需要政治與經濟制度確保富有的精英不攫取經濟成長的所有收益。過去幾十年，我們已經取得了巨大進步，沒有科學或技術理由支持何以我們不該完全終結貧窮，但這不會自然而然地發生。

一句話說貧窮

我們能夠終結貧窮，
前提是若我們選擇這麼做的話。

44 移民
Immigration

自十萬年前移出非洲以來，人類一直都在為了尋求經濟機會而遷移，但是，自民族國家出現與劃分國界以降，「移民」才被定義為經濟與政治現象。現今在許多國家，移民堪稱為全球化經濟中最明顯且最具政治爭議性的層面。

　　移民的經濟理由本質很簡單，與自由市場相同。若人們基於本身的經濟利益來做決策，將會使總福祉最大化，這原理適用於商品與服務的買賣，也適用於人們的生活與工作地，而且更適用於後者。當然啦，市場可能失敗，而且，「更市場化」未必更好，但「市場善於分配資源（包括人力資源）」這個觀點廣受經濟學家認同。

　　就更狹隘、更技術性含義而言，這個類比也成立。亞當·斯密提出的古典自由貿易論點不僅類似於、而且是相同於自由移動的論點，從經濟上來說，容許某人來到你的國家，跟你貿易（或為你工作，或雇用你），近似於移除與他們的國家之間的貿易障礙。從這個角度來看，政治人物聲稱

1836—1914	1882	1948	2000 年以來	2015
超過三千萬歐洲人遷移至美國。	《排華法案》（Chinese Exclusion Act）禁止華人勞工移民美國。	遠洋輪「帝國疾風號」（Empire Windrush）抵達倫敦蒂爾伯里港（Tilbury），載來加勒比海移民至英國工作。	每年平均約一百萬人合法移民美國。	超過一百萬來自敘利亞及其他國家的難民搭船來到歐盟國家。

支持自由市場或自由貿易，回過頭來卻主張提高移民限制，就很虛偽了。

　　但是，跟貿易一樣，這並不意味移民的增加將使所有人獲益。當然，獲益最多的是移民本身，但某些人（尤其是那些和移民直接競爭的工作者）將蒙受損失，至少在短期間會吃虧。馬克思認為，資本主義需要「失業者後備部隊」，以確保勞工無法要求更高工資，對某些人而言，移民具有相同作用。

　　基於這些理由，先進經濟體的工會運動向來與移民有些衝突關係，這有時甚至帶有種族主義色彩，因為非白種人（或者，其實應該說南歐人）移民被視為尤其可能樂意為了工作而接受低工資。舉例而言，整個二十世紀上半葉，澳洲的工會運動及工黨都支持「白澳」政策。

　　但是，認為移民只會搶走本地工作者的飯碗的觀點是完全不正確的，經濟學家稱之為「工作總量謬誤」（lump of labor fallacy）。移民本身增加了勞動力供給，但他們獲得工作，賺了錢後，花用這些錢，創造了對商品與服務的需求，進而帶動對勞動力的更多需求。歷經時日，這些影響往往拉平而趨於均衡。

　　其實，很難找到證據證明移民導致本地工作者的薪資降低很多，或是減損本地工作者的就業前景。在英國，幾項研究未能發現近年的大量移民

「快速發展的工業國家……使國內工資提高到平均工資以上，因而吸引來自落後國家的勞工。無疑地，光是悲慘的貧窮，就足以迫使人們放棄他們的祖國，而資本家以最無恥的方式剝削移民勞工。但是，只有保守的反動分子能夠閉上眼睛，對這現代民族遷移的漸增影響性視而不見。」

—— 列寧

對本地就業造成任何顯著衝擊。縱使有相當大量的難民流入，例如1990年代的湧入以色列，或近年的湧入土耳其，其影響似乎也很小。

移民注入活力

倒是移民為移民地國家注入活力與生產力的論點，似乎獲得了事實的驗證。移民似乎與創新、國際貿易及知識轉移的促進有關，尤其是高科技產業。我個人的工作所屬產業（在倫敦從事經濟研究），有許多、或許是多數工作者來自別國，雖然，這意味著我面對更多競爭，但這也使得這個產業變得更大且更有效率，或許歷經時日也提高了我的所得。

移民也較可能成為自雇者，或更有創業精神，這或許是因為更富冒險進取心的人也更可能遷移至別的國家以尋求機會，或是因為移民較難在大公司或傳統勞動市場上謀得工作。近代最成功的一些公司，例如蘋果及谷歌，皆是由具有移民背景的人創辦的。

但是，移民流出的國家、尤其是那些可能因此流失擁有技能或教育程度佳的工作者的開發中國家呢？或許，令人驚訝的是，它們似乎也沒因此而損失，移民匯錢回家鄉以及貿易的增加，反而使它們受益不少。例如，來到美國的印度移民既對加州矽谷有所貢獻，也對印度班加羅爾市（Bangalore）的科技產業成長貢獻良多。

「外國工作者的流入拉低工資，導致失業率居高不下，使得貧窮及勞工階級的美國人難以賺得中產階級的薪資。」

——唐納德‧川普

一種魔法

如何能夠用一個很簡單的步驟，使世界的產出增加等同於整個德國經濟產值的量呢？不是透過什麼傑出的新發明，也不是藉由投資數千億美元，而是藉由改變法律。研究全球發展的美國經濟學家麥克‧克雷門斯（Michael Clemens）說，只需准許相當於世界人口5%的數量移民，就能使世界的GDP提高至少3兆美元，因為來自開發中國家的工作者將移往可以使他們的生產力大大提高的國家。這收穫起碼等同於消除所有貿易及資本流動障礙所能產生的效益。

不過，移民也有更廣層面的社會影響。2008至09年金融危機及後續的經濟衰退餘波中，在美國及許多歐洲國家出現相當大的反移民政治反應，從經濟觀點而言，這些疑慮幾乎可以確定是誤導，亦即，跟貿易一樣，移民並非工資停滯不漲或就業前景變差的主要導因，因此，減少移民並不會使那些經濟境況差的人好轉。但是，從政治觀點而言，比起可能需要加稅或推動困難改革的政策，歸咎於移民比較容易。

「身為一個移民，我選擇生活於美國，因為它是世上最自由、最有活力的國家之一。身為一個移民，我覺得有義務為能夠使美國繼續作為世上經濟最強健、最有創造力、最熱愛自由的國家的移民政策辯護。」
　　　　——新聞媒體業大亨魯柏‧梅鐸（**Rupert Murdoch**）

移民是個機會

　　顯然，導致近年移民增加的政治、環境及經濟壓力（中東的戰爭、撒哈拉以南非洲的乾旱及高人口成長等等）很可能會加劇。妥適管理的移民群可能使移民本身受惠巨大，也為移民地國家帶來一個機會，尤其是那些面臨人口減少的歐洲國家。但是，為產生這些效益，國家必須更能使移民融入本地社會，這是一個經濟挑戰，也是一個政治挑戰，政治層面的挑戰難度也許更甚。

一句話說移民

自由市場應該意味著自由移動。

第 6 部

資本主義的未來

CAPITALISM'S FUTURE

45 停滯
Stagnation

自 2008 至 09 年金融危機爆發以來，多數先進經濟體陷入痛苦的緩慢復甦，成長一直停留在低於危機前的水準，許多國家的失業率仍高，尤其是歐洲。這只是暫時的不正常，將自然地復原？抑或成長將繼續停滯？

　　傑出經濟學家艾爾文・韓森（Alvin Hansen）曾經預料世界可能邁入一個長期減緩成長的新紀元：

> 這是長期停滯（secular stagnation）的本質 —— 病懨懨的復甦在初期就停擺，接著是經濟不景氣，帶來堅不可摧、似乎無法撼動的失業。

　　韓森的論述撰寫於 1938 年，當時，為二戰重新武裝即將使美國及其他地方恢復快速成長及充分就業。戰後，凱因斯經濟學（韓森在美國大力提

1929	1938	1950—2007	2008—09	2015—16
大蕭條開始。	美國經濟學家艾爾文・韓森提出「長期停滯」理論。	世界經濟穩定成長。	全球金融危機。	害怕又出現另一波全球成長減緩。

倡）促成持續且穩定的成長，「長期停滯」這概念便被大致遺忘了。縱使在凱因斯主義的總體經濟管理退流行後，普遍仍然認為若政府及中央銀行確保經濟穩定，成長與就業就會近乎自然而然地隨之而來。

復甦，什麼復甦？

但是，2009年之後的期間，這看法受到懷疑。以往戰後衰退之後的復甦，產出與生產力都快速成長，但這回不同，G7這群大的先進經濟體近年間的生產力平均一年成長不到1%，英國及義大利的生產力幾乎不見成長。前美國財政部長勞倫斯・桑默斯（Lawrence Summers）在2013年重提「長期停滯」的概念，認為：「將在某個時點重返正常經濟與政策狀態的假定無法再持續成立了。」

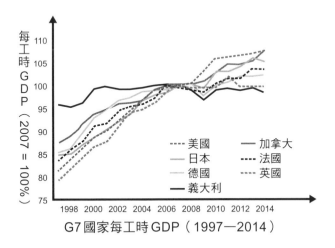

G7國家每工時GDP（1997—2014）

但是，什麼原因造成遲遲未能重返「正常」呢？基本上，有兩個不同層面的問題。首先是這個推測：我們只是邁入了成長自然地較低的時期。

技術進步與長期停滯

「技術進步的速度沒有加快，反而是減緩下來」——這個反直覺的論點是美國經濟學家鮑伯‧高登（Bob Gordon）提出的，他說，我們已經看到三次工業革命的主要經濟效益，第一次是機械化，第二次是電力及內燃引擎，第三次是電腦，目前還看不到第四次。但是，在許多人看來，數位革命離結束還早得很，其他新技術如3D列印、奈米技術等等，提供龐大且大致上還未被開發的機會〔編按：世界經濟論壇創辦人兼執行主席克勞斯‧施瓦布（Klaus Schwab）於2015 年提出「第四次工業革命」，包括可植入技術、數位化身分、物聯網、3D列印、無人駕駛、人工智慧、機器人、區塊鏈、大數據、智慧城市等23項技術變革〕。

韓森指出，這可能是因為人口結構變遷和較緩慢的人口成長，雖然，當年他的預測錯了，但現在，這論點看起來更似有理。在德國及日本，工作年齡層人口已經持續縮減了十年，儘管有移民，到處的成長都在減緩，甚至在美國及英國也是。也有人認為，生產力的成長將自然地減緩：戰後數十年間，生產力的快速成長主要反映一種不尋常的環境組合——快速的技術進步，平均教育水準的大幅提高，有利的人口結構。

「兩年前，我重提艾爾文‧韓森的『長期停滯』概念，指出它切合工業世界目前的境況。不幸的是，自那時起至今的經歷傾向確證這個推測。長期停滯是一種可能性，它不是不可避免的，好政策可以避免它。」

——前美國財政部長勞倫斯‧桑默斯

　　但是，這論點似乎難以成立。在多數人看來，技術進步的速度根本沒有減緩，再說，若技術進步的速度真的減緩了，那生產力也應該是漸漸、徐緩地降低，這論點未能解釋2008至09年的生產力突然變化。

笨蛋，問題是需求面

　　長期停滯理論的第二個部分是有關於需求面。支持這理論者指出利率水準一直維持得極低：不僅中央銀行把短期利率維持在零或接近零，許多國家的長期政府債券的利率（由市場決定，非中央銀行決定）也很低，甚至是負利率。換言之，市場發出的訊號是，很多企業及個人想要儲蓄，想投資的很少，尤其是那些產生未來成長的風險性投資。他們選擇把錢投資於低風險、低報酬的政府債券。

　　對於這種典型的凱因斯主義問題，通常的政策處方是降低利率，但我們已經降低利率了，利率已經低到近乎零了！桑默斯的看法是，成長與就業重返「正常」的長期利率均衡水準已經降低，甚至可能已經低至零以下（至少就實質利率水準而言是如此），但中央銀行發現，很難把利率降到這麼低，這可能意味著我們已經陷入長期的低成長與低利率狀態，就如同日本在過去二十年間的情形。

　　若問題真的在於需求面，政府應該能夠採取一些辦法，但什麼辦法呢？中央銀行不斷實驗把利率降低至零以下的創新方法，但有些人指出其風險：超低利率可能非但不會刺激生產性投資，反而會導致資產價格泡沫——使住屋、股票，及其他金融資產的價格提高到不符它們的實際價值的水準。這可能有助於支撐短期的需求面，使人們感覺自己變富有了，但資金派對遲早會結束，我們將迎來另一次的崩盤。

該是政府借錢和支出更多的時候了

　　另一個明顯的選擇是使用財政政策，政府透過更多借錢和支出來吸收過剩的儲蓄，尤其是投資基礎建設。許多經濟學家——包括我，以及大型國際機構如國際貨幣基金和經濟合作暨發展組織（OECD）——認為，不論你對於凱因斯主義的總體經濟政策方法或適當的公部門支出規模的觀點如何，這建議是有道理的。當政府債券的實質利率為零或零以下時，基本上形同私人投資者付錢邀請政府花用他們的錢，所以，笨蛋才會不接受這邀請（尤其是在美國、德國及英國等國家明顯需要對公路及鐵路運輸網絡之類的基礎建設支出更多的情況下）。舉例而言，儘管有專家提出忠告，以及明顯的氣候變遷風險，英國政府仍然在2010年選擇刪減防洪支出，這真是瘋狂到令人難以置信，災難性後果可以預料，果不其然，2015年的暴雨釀災了。

　　但是，目睹2008至09危機時期借貸激增後，政治人物不願政府再借更多錢。在歐元區及英國，我們不幸看到的一個反應是，政府同意限制它們的借貸，縱使在正常時期，此舉都沒道理了，更何況是陷入停滯的現在，這種限制絕對是有害的。若私部門的投資需求可能持續低迷一段時間，那麼，減少政府投資，追求預算盈餘，不僅是沒必要，而且是非常有害。同樣地，在美國，政治僵局使得增加政府支出幾乎不可能達成共識。欲改變這狀態，需要卓越的政治與經濟遠見，可惜，現在似乎缺乏這樣的遠見。

一句話說停滯

經濟成長終結。

46 豐裕與超豐裕
Abundance and superabundance

經濟學有時被定義為研究「稀少資源分配」的一門學科，但是，當資源不再稀少時，經濟學、乃至於經濟體與社會，會有什麼改變？技術進步使我們的生產力提高到至少為一世紀前的五倍。

　　再過不久，我們可能面臨凱因斯在工業化世界深陷大蕭條的1930年時闡述的境況，當時，資本主義陷入危機，凱因斯及時解釋危機的起源，以及激進的經濟政策如何能夠拯救資本主義免於自我毀滅。但在此之前，他想讓他的讀者的目光暫離當時，展望未來，他指出，長期而言，經濟成長不僅將使我們變得更富有，而且，以歷史水準來看，是難以想像的富裕：

> 現在只是暫時性的失調階段，這一切意味的是，長期而言，人類在解決其經濟問題。我預期，一百年後，進步國家的生活水準將是現今生活水準的四到八倍之高。

西元前一百萬	1	1500	1900	2000
估計世界人均GDP為92美元。	世界人均GDP為109美元。	世界人均GDP為138美元。	世界人均GDP為1,263美元。	世界人均GDP為6,103美元。

　　接下來數十年的發展證明凱因斯說的沒錯，非要挑剔的話，那就是經濟實際上成長得比他預期的還要快。

繁榮是近代才出現的事

　　以長遠的人類史來看，絕大部分時期、絕大多數人過的是離勉強維生稍好一點點的生活，往往一個壞收成就導致大饑荒。今天，生活於先進經濟體的大多數人的物質生活是難以想像地富足。在仍有近十億人生活窮困之下，談論「豐裕」可能似嫌過早，甚至有點冷酷無情，但貧窮人口持續減少中，從經濟與技術觀點來看，似乎沒理由相信這數字不會繼續降低。

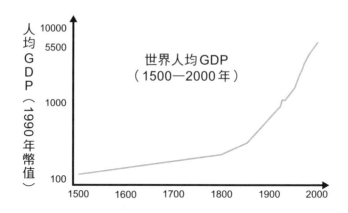

　　事實上，進步速度持續加快，在3D列印、奈米技術、機器人等等技術的推進下，現在看起來愈來愈有可能實現凱因斯所說的「解決經濟問題」，亦即我們將能為地球上的所有人生產出足敷其想要或需要的所有物質產品。過去四十年，美國製造業的產出增加超過一倍，在此同時，製造業從業人數減半。未來，製造業需要投入的直接人力甚少，甚至不需要直

接人力，舉例而言，中國長城汽車公司位於天津的工廠，機器人用一分半鐘就能焊接完成整輛車。

資本主義終結？

這對經濟與社會有何含義呢？凱因斯很樂觀，他預期資本主義的終結──營利動機不僅不再是進步的驅動力，還會被視為絕對不正常：

> 我們現在不計一切代價，維持著影響財富及經濟報酬與虧損分配的種種社會習俗與經濟實務，不論它們有多討人厭及多不公平，因其極有助於促進資本累積，但有朝一日，我們將終於可以丟棄這些習俗與實務。

他說，屆時，我們將可以把時間投入於追求：「過得明智、愜意且舒適」。資本主義將透過它本身的成功，自我摧毀。

但是，儘管我們的物質進步顯著，從社會觀點來看，縱使在最富有的國家，凱因斯的這個憧憬也似乎愈來愈遙遠。無論如何，營利動機仍然驅動技術進步，沒有任何證據顯示，當社會變得更富裕時，人們將較不會受到追求財富的激勵。雖然，我們的物質生活遠比凱因斯那個年代豐裕，但能夠負擔得起不靠全職工作維生的人仍然較少。

「在一個夠繁榮、人們夠專業化、且夠多討人厭的工作由機器代勞的社會，所有剩餘的工作都變成了藝術。」

──美國企業家尼克・漢諾爾（Nick Hanauer）

前人未至之境

後資本主義社會會是什麼模樣呢？最可能的情境大概是《星艦迷航記》（Star Trek）中描繪的世界：食物及物質用品由複製器複製，身體可以快速修復、甚至置換，一個按鍵就能取得全部的人類知識與文化。在近年3D列印技術、實驗室培育出器官、網際網路、智慧型手機等等技術的進步下，這些情境現在看起來不再遙不可及（雖然，星際太空戰仍然是很遙遠的情境）。那麼，在《星艦迷航記》中，人們實際上做什麼事呢？有些人是勇於探尋新世界的探險者，但留在地球上的人，大都或多或少如同凱因斯預期的，不是追求獲利，而是透過培養藝術與文化、哲學及其他這類消遣，追求幸福。就連畢凱艦長最終也退休，去法國某地種葡萄啦！

抑或兩極化不斷擴大？

在凱因斯的憧憬愈來愈遙遠的同時，現在反而有許多人擔心自動化與機器化將導致僅有很少數人——那些發明新東西或把發明商業化的人，或是財富繼承者——能夠變得巨富。技能仍然有價值的較幸運者將享受繁榮與舒適，但很多人（數量可能持續增加中）的技能不再被需要，結果是失業及被邊緣化。只要所得分配依然主要是根據個人的市場價值，就很少人能夠在理論上的豐裕討到好處。

最近，在經濟學家圈中變得愈來愈盛行的一個可能出路的構想是：以「基本收入」（basic income）或「社會紅利」（social dividend）取代現行的福利國家制度（現行福利國家制度為失業者、窮人及老年人提供救濟與保障，但基本上認為人們的人生大部分時間能夠且應該工作）。基本收入或社會紅利制認為我們應該對每個人提供一定金額的錢，讓他們用以支付生活必需品，爾後，個人可以選擇要不要工作，或是寫詩，或是去發明新的小東西。

這將代表深度的社會轉型，從一個認為除非你起碼嘗試做出貢獻，否則不能自動有權取得資源的社會，轉變為視這種期望為不再必要、人們可以以他們選擇的任何方式做出「貢獻」的社會。這樣的轉變會不會因為閒散變成一種可被接受的生活方式，因而摧毀資本主義，抑或藉由把工作與營利動機留給那些選擇它的人，但確保一個經濟體中有某種程度的社會公平性，避免變得愈來愈贏家通吃，因而拯救資本主義？這在政治上可行可久嗎？

從歷史回顧來看，追求物質豐裕這個挑戰對人類而言絕對是有益的，但我們還不知道如何充分利用豐裕帶來的機會。提供基本收入或類似的東西，或許是答案的一部分，不過，或許更重要的是，我們得重新思考，在一個物質豐裕、滿足需求綽綽有餘的社會，我們該如何評價人的「價值」。

一句話說豐裕與超豐裕

營利動機仍然驅動進步。

47 工作的未來
The future of work

機器人會搶走我們的所有工作嗎？我們生活在一個愈來愈機器化（從工廠到超市結帳櫃台等等的體力與人工工作）與電腦化（從電話客服中心到報稅等等），但這是否使人 —— 尤其是那些技能水準或資格較低的人 —— 更難以較便宜的成本去做機器能做的事呢？

　　經濟學家喜歡指出，雖然新技術確實會摧毀工作飯碗，但中期至長期而言，它們不會降低就業。也就是說，新技術雖使那些變得不符經濟效益的人失去工作，但歷經時日，整個經濟會做出調整，創造出新工作，而且，由於勞動生產力最終會因此提高（因為節省勞力的技術就是會提高生產力），整體而言，我們將變得更繁榮。

截至目前為止，自動化沒有摧毀工作飯碗

　　經濟史的確顯示如此。1841年，英國的勞工平均每五人中有超過一人務農，今天，平均每一百人中僅有一人務農；當年，平均每三人中有超過一人從事製造業工作，今天平均每十人中從事製造業工作者不到一人。當然，儘管勞工數量減少，產出卻遠大於以往。在此同時，那些工作被替換了，現在約有90%的工作者受雇於服務業，而且，現在的就業人口比例高於有記載的經濟史的任何時期。我們現在能夠以遠遠更少的人產出更多食

物及製造品，這意味的是，整體而言，我們變得富有得多，其餘人從事別的工作，例如經濟研究、表演藝術、職業足球，全都對總體經濟產出有所貢獻（至少，理論上來說是如此）。

那麼，這是否意味著我們不應擔心技術進步對工作飯碗構成威脅呢？自駕車可能會導致運輸業的數百萬工作消失，條碼掃描器及線上購物可能摧毀零售業的無數工作飯碗。近期的研究指出，美國（可能多數先進經濟體也一樣）的所有工作約半數在未來二十年將受到自動化或電腦化的衝擊，雖然，低技能水準的工作最脆弱，但伴隨電腦變得愈來愈有能力應付分析性質的工作（例如語言翻譯，或基本的醫療診斷），連那些更複雜的工作受到衝擊的風險也愈來愈高。

所以，閱讀到這裡，請你花點時間想想：一台機器人或一台電腦得有什麼能力，才能做你每天在工作中做的所有或絕大多數事情？接著，再思考人工智慧、機器人技術、3D列印、虛擬實境等等領域目前的發展，做出一個務實的評估——你的工作有多少成分能在可預見的未來被自動化，這可能在多久後到來？

1764	1811	1920	1941	1961
發明珍妮紡紗機。	盧德分子暴動。	卡瑞爾・卡佩克（Karel Capek）創造「robot」（機器人）一詞。	第一部可編程電子計算機問世。	第一台工業機器人問世。

盧德分子

紡紗架和動力織布機發明之前，自雇的紡織業者（大都在英格蘭西北部）收入相當不錯，但是，新技術導致他們的工作被淘汰。盧德運動（Luddite movement）反抗的是產業機械化，他們往往採取暴力對抗，最終也被暴力鎮壓。此後，「盧德」變成一個貶抑詞，用來指那些反對節省勞力技術或更概括地反對進步的人。不過，英格蘭銀行（大概是最保守傳統的一個機構了）的首席經濟學家安迪・海爾丹（Andy Haldane）曾提出一個思考，也許，我們最終會發現，兩世紀前的盧德分子是對的：

> 留給人力獨有技能的空間可能進一步縮小，若這些展望成真 ── 不論這聽起來的未來感有多濃厚，過去三世紀的勞動市場將超快速轉變，若技能升級這個選項不再可得，將使得大規模失業或就業不足的風險提高。

還不需恐慌

傳統經濟學及歷史顯示，雖然這些變化將帶給一些人痛苦（別忘了，機械化確實導致紡織工人失業，許多人陷入貧苦），但經濟將會調整，長期而言，整個社會將受益。若機器能夠把目前由人執行的工作做得更快、更有效率，我們全都將變得更富有，人們會找別的事情做。

但是，這一回，情況會不會有所不同呢？一些經濟學家及評論家擔心可能會有所不同，他們傾向聚焦於兩個憂慮，第一個憂慮是，變化速度太快，機器可能做的工作範圍更廣，經濟將不可能調整。不過，截至目前為止，沒有證據支持這點，在英國，每年有四百萬人獲得新工作，在美國，每個月有五百萬人獲得新工作，這些工作並非全都很棒，但這顯示，勞動市場能應付快速變化。

有利於資方？

第二個憂慮或許較嚴重，那就是目前的自動化潮流可能意味著資方與勞方之間的力量平衡永久改變，導致難以預料的後果。現在，經濟總產出中有巨大的比例是谷歌與蘋果之類公司創造的（至少，傳統的衡量方法得出此結果），這比例還在繼續成長中，這並不是新現象，五十年前，通用

「若機器產生的財富能夠分享，人人都能享受非常舒適悠閒的生活；或者，若機器擁有者成功遊說反對財富重分配，那麼，多數人可能變得窮苦。截至目前為止，趨勢似乎朝向第二種情境，技術造成持續擴大的不均。」

——理論物理學家史蒂芬・霍金（Stephen Hawking）

汽車之類的公司也是這樣。但是，現代科技巨人雇用的員工數遠遠較少，1979年時，通用汽車有員工六十萬人，而谷歌現在的總員工數僅十三萬人。雖然，通用汽車公司重度倚賴自動化與資本投資，它創造的價值中有很大部分歸屬於它的員工。現代科技公司的情況不同，它們的大部分工作是資本（通常，其形式是軟體）所做的，因此，大部分的報酬歸屬於資本，當然，軟體本身不領取報酬，是資本的業主取得這報酬。

　　因此，風險是自動化將永久改變資方與勞方之間的權力平衡，權力的天平傾向資方，我們將發展成一個資本業主控制生產工具、並獲得報酬的社會。工作者大概仍然工作，但許多人（可能是大多數人）從事相當低價值、周邊的工作 —— 不是經濟核心的工作，薪資不是特別好。要不是擴大所得、特別是財富的分配，就是社會將更加倚賴福利給付和慈善組織來減輕社會無法接受的不均，但最有可能的是結合這兩者。

　　這是個相當黯淡的展望，但切記，歷史的進程並非單單由這些背離勞工利益的經濟力量所決定的。盧德分子注定失敗，但他們的後繼者 —— 工會主義者尋求改善工作條件，英國憲章運動人士要求選舉權，好讓他們能夠改造經濟與國家，這些大都成功了。所以，真正的考驗將是我們的政治與社會制度是否能應付挑戰。

一句話說工作的未來

別怕機器人。

48 數位經濟
The digital economy

由資訊技術驅動的技術發展,其巨大規模與範疇是我們多數人難以完全了解的。我能夠取得的資訊與電腦運算力,比我開始工作當時的任何一個人能取得的資訊與電腦運算力還要多!沒人知道這些變化的經濟與社會後果,但顯然它們將對我們的經濟的未來發展十分重要。

這種電腦運算力革命使得政府、企業界人士、經濟學家以及評論家現在全都談論「數位」或「資訊」經濟的巨大重要性。但是,它究竟是什麼呢?談到數位經濟或企業時,許多人想到加州矽谷或印度班加羅爾,或者,他們可能提及仰賴資訊技術硬體、軟體或兩者的大型跨國公司,例如蘋果或亞馬遜。這些定義涵蓋生產資訊與通訊技術產品的公司,更廣的定義可能也包括數位內容或數位產品,從電子商務到音樂、到建築的方方面面。

數位無處不在

不過,這些全都未貼切地描繪數位經濟的含義。當然,現在很少企業(或者說,很少經濟活動形式)與某種形式的資訊技術無關,在先進國家,我們全都使用電子郵件,我們任職的組織有網站;在開發中國家,有些人可能較難取得資訊技術,但在現實生活中,資訊技術對他們的重要性可能更甚,例如在非洲的行動銀行,在印度的生物辨識。從製藥業到金融業,

到採礦業，大多數傳統公司愈來愈仰賴資訊科技為基礎的行動方案來改善它們的績效。

　　因此，數位經濟不是指特定產業及產出類型，或特定類型的公司如科技業新創公司，而是指經濟運作方式的全面技術轉型。以這較廣泛的概念來看，數位經濟有何不同，它帶來什麼改變？

　　第一個差異是實體面，一個愈來愈資訊型的經濟對實體的東西的倚賴度愈低。近二十年前，時任美國聯邦準備理事會主席的亞倫・葛林斯潘指出，產出與實體大小或重量的關聯性遠低於以往。這改變了生產與消費的性質，這意味的是大型工廠遠遠更少了，遠遠更多人坐在鍵盤前面（例如此時此刻的我）；這也意味著更多人消費的是經由資訊處理及儲存器材得出的產出。這也改變了貿易的性質，雖然，很多商業仍然需要以陸運及海運貨櫃運送實體貨物，愈來愈多商務只是傳輸某種資料而已。2016年時，英國成為第一個服務（從保險到電視節目等等）出口多於製造品出口的大經濟體。這種變化很重要，因為它意味著未來的經濟成長不再那麼仰賴開採天然資源，處理原物料，或繞著世界運送產品，而是更加依賴從保健至娛樂等產業的資料處理及「消費」其結果。

1822	1936	1951	1969	2015
查爾斯・巴貝奇（Charles Babbage）設計出「差分機」（Difference Engine），常被稱為第一台電腦，但可實際運行的差分機在很久以後才建造出來。	艾倫・圖靈（Alan Turing）敘述「圖靈機」（Turing machine），或稱為通用型電腦。	第一台商用電腦「Univac」問世。	美國國防部建立網際網路的先驅阿帕網（Arpanet）。	世上最快速的超級電腦、中國的天河二號每秒能夠執行約34千兆（quadrillion，10^{15}）次的浮點運算。

　　第二個差異是變化速度：這可不是一種錯覺，現在的技術變化真的更快速，尤其是出現科學突破或風行的創新產品的技術變化速度。傳統線路電話問世後，歷經了四十年，半數美國人才有電話可用；但手機問世後僅僅過了十年，就有相同比例的人口取得了手機。非洲的絕大多數人口從未取得傳統線路電話服務，但行動電話問世後，僅僅過了幾年，就已經傳至最貧窮和最偏遠的非洲鄉村地區。

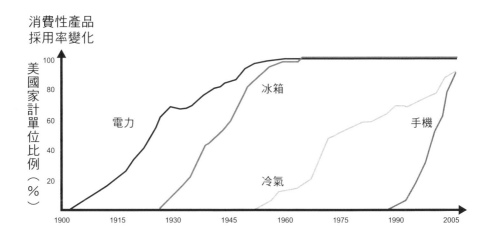

　　第三個差異跟經濟贏家與輸家有關。一群明顯的贏家是文化及娛樂業的「超級明星」，傑出演藝人員向來有價值，但他們的觀眾的實體束縛限制了他們的賺錢力，但現在，全世界都能看到他們，也更容易地行銷及賺錢。所以，最成功的運動員及音樂人的經濟力量遠大於以往，次級和第三

「機器智能的新發展將使地球上的每個人變得遠遠更聰敏，這是因為我們的智慧型手機基本上就是超級電腦。」
　　　　　　　　　　　　——前谷歌公司執行長艾力克·施密特（Eric Schmidt）

大數據的成長

據估計，過去五年間產生與儲存的資料量是此前整個世界史產生與儲存的資料量的十倍，目前，這些資料絕大多數尚未被以任何具有經濟效益的方式進行處理或使用，但隨著儲存與處理產能持續快速擴增，這種情形將有所改變。企業承受的經濟壓力將愈來愈大，因此會投入愈來愈多的心力去尋找利用這些資料的方法，尤其是有關於個人行為及消費者喜好的資料，這些資料收集自我們在線上做的或說的一切（這些愈來愈等同於我們的所有言行）。

級的從業者經濟力量較低。這對我們而言重要嗎？或許還不是那麼重要，但想像若相同現象延伸至其他領域呢？例如教師，現在一位教師可以同時向一百萬名學生授課，基本上沒什麼障礙。

　　企業領域的贏家與輸家呢？由於資訊可以被快速複製與傳輸，這意味的是，變化速度更快，贏家的確可以賺很多，但它們的成功可能維持不久。谷歌、臉書、蘋果及亞馬遜現在可能看來宰制資訊經濟的大部分，獲利大到近乎不可思議，在一些市場上具有近乎壟斷的地位，但另一方面，雅虎及 Myspace 也曾經擁有明顯的優勢地位，但當更優秀或只是行銷做得更好的產品問世時，它們的優勢地位便被快速侵蝕。

「在新世界，不是大魚吃小魚，而是快魚吃慢魚。」

——世界經濟論壇創辦人克勞斯·施瓦布

這才剛剛開始

可以確定的是，我們離數位技術帶來的改變的終點還遠得很，可能只是剛開始而已。就如同工業革命不僅在一世紀間改變了經濟，也改變了政治與社會，數位革命也可能產生相同的影響，或許變化遠遠更快。這可能不僅使財富巨增，也使福祉大增，並在此同時避免了像實體產品成長必須伴隨而來的環境傷害。但是，這可能也意味著一個更殘酷的贏家通吃世界到來，造成財富與力量的更集中，這個世界大不同於公司或工作者過去七十年間的大部分時候所熟悉、習慣的世界。未來令人興奮，但確實也令人害怕。

一句話說數位經濟

更多的資訊，更少的實物。

「你反正沒有任何隱私可言了，接受這事實吧。」
　　　　　——昇陽電腦公司（Sun Microsystems）共同創辦人
　　　　　　　　史考特・麥克尼里（Scott McNealy）

49 環境
The environment

資本主義的經濟可能性似乎無限 —— 至少，根據多數經濟模型，以及從馬克思到熊彼得的資本主義哲學家看來是如此。但是，我們的地球及其資源是有限的，不是嗎？十八世紀末，湯瑪斯·馬爾薩斯（Thomas Malthus）認為，這必然無可避免地限制人口成長（隱含地，也限制經濟成長）。

馬爾薩斯認為，人口的自然傾向是指數型成長，而農業產量大都是線性成長。但事實上，在農業機械化、被稱為「綠色革命」（Green Revolution）的農耕技術進步，以及更近期的發展之下，食物產量已經超過人口成長，世界現在每天人均產出約二千七百卡路里能量的食物，餵飽所有人還綽綽有餘。一般而言，人們挨餓並不是因為食物產量不足，而是因為他們買不起食物（參見第43章）。

1798	1962	1972	1997	2015
馬爾薩斯出版《人口論》。	瑞秋·卡森（Rachel Carson）出版《寂靜的春天》（The Silent Spring），啟發現代環境保護運動。	羅馬俱樂部發表《成長的極限》報告。	簽署《京都議定書》（Kyoto Protocol），謀求抑制全球暖化。	在巴黎召開聯合國氣候變遷會議，訂定把全球暖化抑制在攝氏兩度（華氏3.6度）的目標。創下有史以來溫度最高的一年。

成長的極限

　　但是，具影響力的智庫羅馬俱樂部（Club of Rome）在1972年發表的一份報告中重提馬爾薩斯的論點，並且延伸至更廣泛的資源。這本名為《成長的極限》（*The Limits to Growth*）預測，持續的指數型成長將使得地球的一些有限資源最終耗竭，包括石油。

　　不過，他們的論點現在廣受質疑，因為它忽略了經濟實際上對於稀有資源的價格上漲會如何做出反應。或許，出人意料之外的是，雖然，自1972年以來，我們已經用掉了大量石油，但剩下的石油量（就已證實的石油儲量而言）比以往還要多。間歇的高油價期促成更多的開採，也鼓勵技術進步和替代品的採用。其他資源的情形也一樣。一般來說，經濟成長已經變得較不那麼能源與資源密集，尤其是在先進經濟體：雖然，相較於1970年，英國的人口已經增加了一千萬人，經濟規模增加了一倍，但其能源消費量實際上少於1970年。

　　但是，就算原料的供給有限並不構成限制，資本主義帶來的更廣泛環境後果呢？經濟發展必然造成環境傷害嗎？事實上，就發生於許多國家的情形來看，這呈現的是一種駝峰形曲線。伴隨國家的經濟發展，都市化及工業成長的確導致污染及其他形式的環境傷害增加，但後來，隨著國家變得更富有，它們負擔得起更多管制，以及投資於減少污染，政治壓力會迫使它們這麼做。

「石器時代的終結，並不是因為石頭用完了。」
　　　　　　　　　　　——沙烏地阿拉伯石油部長亞瑪尼（**Sheikh Zaki Yamani**）

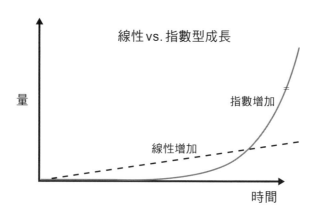

緩慢……但堅定不移

指數型成長未必意味著快速。一年成長1%也可能是指數型成長；重點是，在複利之下，縱使是緩慢百分率的成長，最終也會超越一直線或線性成長。

線性 vs. 指數型成長

量

指數增加

線性增加

時間

　　倫敦市就有一個典型例子。十九世紀初，大部分的污水直接流入泰晤士河，導致經常爆發霍亂疫情。1856年的「大惡臭」（Great Stink）事件後，國會授權大規模的公共投資計劃，建立現代下水道系統。主要由燒煤引發的霧霾是十九世紀與二十世紀初數萬人死亡的主要導因，倫敦因此獲得「The Big Smoke」這個綽號，所幸，這綽號如今已近乎被淘汰了。現在，印度德里和中國北京的空氣污染同樣嚴重，但可以透過更嚴格控管工廠、車輛及家庭使用的燃料來解決。這些解決方法在技術上並不會特別困難，只需要花錢，有政治意願去做就行了。

　　有些人說，富裕國家的環境進步是以輸出環境惡化至貧窮國家換來的，但這種邏輯難以成立。北京的污染來自車輛、燒煤的火力發電廠，以及附近的工廠，但我們從中國進口的產品大都是在中國南部與東部地區更現代、污染較少的工廠製造的。有很糟糕的例子（例如，剛果的鈳鉭鐵礦開採，用於製造手機），但這些反映的是政府的失敗及貪腐，以及隨之而來的外國公司剝削機會，而非經濟本身的問題。這不是要否認西方公司涉及，最終，身為消費者的我們也有一份責任，但是，這基本上是一個政治問題。

氣候變遷

　　若地方性環境問題是可以解決的，那麼，全球性的環境問題呢？娜歐蜜・克萊恩（Naomi Klein）在其著作《天翻地覆：資本主義 vs. 氣候危機》（*This Changes Everything: Capitalism vs. The Climate*）中說，全球暖化是資本主義的直接結果，只有徹底改變我們的經濟思維，才能解決：「真正不願意面對的真相是，罪魁禍首不是碳，是資本主義。」

　　這論點只對了一半。我們目前的碳排放量的確是直接源自資本主義驅動的經濟發展以及進而導致的能源需求，但資本主義的本質並沒有任何東西是跟化石燃料有關。想像一下，某人明天發明了一個可以源源不絕供應

「科學告訴我們，溫室效應氣體排放是一種外部性；換言之，我們排放的氣體影響他人的生活。當人們不為他們的行為後果付錢時，就是市場失靈，而溫室效應氣體排放是世上最大的市場失靈。」
　　　　　　　　——英國上議院議員尼可拉斯・史騰（Lord Nicholas Stern）

的便宜能源 —— 或許是一種安全的核融合反應爐，那麼，石油公司可能破產，但資本主義不會。雖然這不會一夜之間發生，但以往經驗顯示，若存在誘因，技術的確會到來。過去二十年，太陽能發電的價格已大幅降低，且將繼續下滑，這是資本主義作用下的結果。

不過，就如同倫敦或德里的霧霾，改變不會自動發生。全球暖化是最大、最嚴重的典型經濟「外部性」問題 —— 某人使用一種免費資源，但對他人造成成本，在這個例子中，我們全都有責，解答可能是應用一些基本的經濟原理。若我們對排放至大氣層的碳支付適當價格（不論是透過碳稅，或其他相似的制度），就會發生兩件事：其一，我們將減少使用；但更重要的是第二件事，那就是激發創業者及發明人提出可行形式的低碳能源生產的誘因將會增加。

所以，若（這是一個大前提）我們端出適當的管制與誘因，那麼，娜歐蜜・克萊恩就錯了：實際上，資本主義能解決全球暖化問題。不過，那些聲稱是資本主義忠貞信仰者、但認為我們負擔不起對全球暖化問題採取任何行動的政治人物與經濟學家（多數在美國）也錯了，他們說，碳稅或類似的行動會造成太大的經濟傷害。真正了解資本主義如何運作的人或認真檢視經濟史的人都知道，這是在製造恐懼，距離馬爾薩斯提出《人口論》的兩百多年後，我們應該很懂這點了。歷史顯示，當面臨技術或科學挑戰時，人類能展現非凡的創造力。有時候，資本主義的擁護者反而變成資本主義最糟糕的敵人。

一句話說環境

經濟學能拯救資本主義下的地球。

50 我們有別的選擇嗎？
Is there an alternative?

共產主義倒下時，《華爾街日報》寫道：「現在，我們全都是資本主義者」，這並非指世上每個國家必將採行相同的經濟模式，只是說，資本主義作為一個現代經濟體的主要組織原則，已經沒有任何夠堅實的政治或哲學主張能質疑這點了。接下來的十五年間，這種必勝態勢似乎充分有理。

1990年代與2000年代的絕大部分時期，主張自由市場、金融導向的資本主義，在銳利的稜角被「第三路線」社會民主主義（參見第25章）稍微磨平後，成為先進經濟體的主流模式。在此同時，中國採行市場導向政策後的非凡成長，似乎為新興經濟體指出了前進途徑。

但是，2008至09年金融危機後，《華爾街日報》之前的那個宣稱聽起來顯得多麼空洞乏力，不僅金融業的全球化與支配力帶給我們自大蕭條以來最嚴重的危機與經濟衰退，而且，自那時起，多數先進國家的經濟成長緩慢，失業率高，或生活水準停滯不前。中國及其他新興市場經濟能否維

1848	1875	1917	1989	2023
《共產黨宣言》出版。	德國社會民主黨建黨，現今，它與其他政黨組成聯合政府。	俄國爆發布爾什維克革命，引領出第一個共產主義國家的建立：二戰後，共產主義從中歐散播至日本海。	柏林圍牆倒塌，終結共產主義與資本主義敵對。	？

持它們近年的快速成長，也極不明朗。因此，1989至2007年間的資本主義模式背後的政治共識不再穩固不變。

沒有可靠的別種選擇

不過，近年雖出現明顯反資本主義的政治運動在一些國家取得政權，例如委內瑞拉、希臘，但全都明顯地未能建立一個有成功希望的另類經濟模式，每一個的結果要不就是經濟、乃至於政治混亂無序（例如委內瑞拉），要不就是與既有秩序妥協（例如希臘或玻利維亞）。美國的「占領華爾街」運動（Occupy Wall Street），以及它在其他西方國家的分支，大致上虎頭蛇尾，另一方面，民粹主義升起，從美國的茶黨運動到法國的民族陣線，絕大多數這類運動甚至沒有裝作要提供另一種貌似有理的經濟選擇。

撇開政治發展不談，有任何看來可靠的別種經濟制度嗎？由國家擁有與控制經濟的制度，其可信度已經被戰後蘇聯的經濟與政治失敗給否定了，至於中國的發展模式雖然截至目前為止很成功，但經濟很大程度上是從國家掌控轉變為民營，並非另種選擇。

有別於由國家擁有生產工具和私人擁有生產工具，這兩者的另一個明顯選擇是由員工擁有與掌控，這想法有一個悠久且著名的譜系，從十九世

「批評者認為資本主義本質上不穩定，充滿最終將導致它崩潰的矛盾；支持者認為資本主義是分配資源與報酬的最佳方法，一些人甚至暗示，民主資本主義社會並非只是經濟制度歷史演進的一個階段，而是這演進的終點。」

——前印度央行行長拉古拉姆・拉詹（Raghuram Rajan）

紀英國的羅伯・歐文及合作社運動的創立，到世界各地的無政府主義及無政府工團主義（anarcho-syndicalism）。在先進經濟體，有無數成功的勞工所有制企業——從西班牙北部巴斯克地區的蒙德拉貢公司（員工合作社聯盟），到英國經營百貨店及超市的約翰路易斯合夥公司（也是員工合作社形式）。此外，嚴格來說並非合作社、但創辦人及最高階人員握有大部分所有權與控管權的合夥人制度，至今在金融、法律、會計與顧問業仍然相當普遍。

不過，多數合作社的規模相當小，它們在取得投資資本和擴大治理架構方面都有困難。當然，資本主義的發明就是為了克服這些障礙——透過設立股份公司及債券和股票市場。就連高盛集團這個堪稱使用合夥人制度中最著名、強大的金融機構，在需要外部資本時，也走上公開上市之路（亦即變成一家有股東的標準公司）。所以，員工擁有與掌控的企業仍然只占整個經濟的一小部分，例如，在美國不到1%，沒有跡象顯示它們可能在未來快速成長。

改變即將到來

所以，現下看起來似乎沒有資本主義以外的別種可靠、可行的經濟制度，但這並非意味著未來數十年不會出現。馬克思的基本洞察是，經濟、尤其是我們生產東西的方式，決定我們的社會性質。現在我們所知道的資本主義，是工業革命促成的生產性質及整個社會的深層改變下的結果，而現在，我們正處於可能同等深層的經濟變化的開端，這些變化是基於至少三個重要發展。第一，明顯不同於工業時代，在機器人取代下，人力直接

展望未來

技術變革可能促成怎樣的經濟與社會結構呢？思考這個疑問時，我們往往很自然地去看科幻片或科幻小說中的情境。有時候，我們想像如同《星艦迷航記》中的情境，金錢不再重要，因為所有物質產品基本上都是免費的，人類投入於探索或其他更高層級的活動。不過，反烏托邦的情境更常見。電影《異形》（Alien）系列暗示，資本主義的邏輯將無可避免地導致人類的自我毀滅，影片中的主導「公司」把異形物種視為一個潛在的賺錢機會，異形物種構成的人類生存威脅為次要。無數作家探索一個從基因上就已經劃分階級的社會的影響，在英國作家阿道斯・赫胥黎（Aldous Huxley）的著作《美麗新世界》（Brave New World）中，這在經濟觀點（認為這種階級化有助於計劃經濟）及政治觀點而言都很合理。有些作家──例如以撒・艾西莫夫（Isaac Asimov）及菲利普・狄克（Philip K. Dick），在他們的科幻小說中檢視人工智慧道德與社會層面的影響。更具啟示性的是，物理學家史蒂芬・霍金和第三方支付系統貝寶（PayPal）及特斯拉汽車公司（Tesla Motors）創辦人伊隆・馬斯克（Elon Musk）擔心一個「奇點」（singularity）──超級智能機器接管世界──的到來，電影《魔鬼終結者》（Terminator）系列反映了這種憂慮。

投入於生產的情形將愈來愈少。第二，電腦運算力及人工智慧的進步，將使許多目前由人做的分析工作改由機器執行。第三，我們操縱自己基因的能力不斷增強，這將能延長我們的壽命，也愈來愈能讓我們左右後代的性格、甚至智能。

相較於物質資本、建物與機器，掌控「軟體」——資料，以及資料的儲存、處理及操縱等方式——將變得日益重要。記得馬克思的一個重要洞察——真正重要的是生產工具的所有權與掌控，未來經濟與社會的定義性特徵將是這軟體的生產、擁有及掌控方式；是由國家、個人、企業、抑或某種還不明確的方式擁有與掌控。

這些發展將可能使目前的資本主義模式發生深層改變，它們將讓我們（若我們選擇這麼做的話）終結貧窮，擴展我們的物質與智性視野，但在此同時，它們也可能把我們推向不均擴大的方向，新經濟的槓桿操之於富有企業與有錢精英之手。我樂觀看待資本主義過往的成就和它未來能有的成就，我相信前者更有可能。不過，就如同解放奴隸、讓女性獲得選舉權，或創造福利國家制度，並不是「自由市場」或個別資本家所致，使人類把經濟進步轉化成社會進步，得靠我們所有人的共同努力。

一句話說我們有別的選擇嗎

改變即將到來。

詞彙表

capital 資本 資本是能夠產生報酬的財富或資產，可以指金融資產（financial assets，例如股份），或物質資產（material assets，例如機器）。

central bank 中央銀行 負責監管一國的貨幣制度的機構，這通常包括發行貨幣，監管貨幣政策，扮演政府的銀行，通常也監管商業銀行。

communism 共產主義 一種社會組織或政府制度，在此制度下，所有財產（尤其是資本）為公有，而非私有。

debt 債務 債務是一方對另一方支付或償還錢（或有時償還其他金融資產）的義務。

efficiency 效率 在經濟學中，效率一詞有一些不同的含義。生產效率指的是以最小成本生產一定數量的產出；技術效率指的是一定組合的投入要素生產出最大數量的產出；分配效率指的是以最有效率的方式分配資源，亦即，一定組合的資源產生最大福利。

efficient markets hypothesis 效率市場假說 一種理論，指金融市場上的資產價格充分反映所有公開可得的資訊。

fisical policy 財政政策 使用政府的總支出及稅收（亦即政府的預算赤字）來影響整個經濟。導致較高赤字的財政政策通常被稱為擴張性政策（expansionary policy）。

GDP 國內生產總值或國內生產毛額（gross domestic product），指一經濟體在一定期間（通常是一年）生產的所有財貨與服務的市場價值。

incorporation 成立法人組織 設立一個具有不同於其業主的法律地位的實體（例如一家公司）的流程，此實體能夠為自己的利益進行經濟活動（生產、購買、銷售、借貸），通常具有有限責任。

inflation 通貨膨脹 一個經濟體的普遍物價水準上漲，通常以年率表示。

interest rates 利率 借錢的成本，通常以年率表示。

Keynesianism 凱因斯主義 認為可以藉由使用貨幣政策及（或）財政政策來積極管理一個經濟體的總需求，以改善此經濟體的總體經濟表現。

limited liability 有限責任 一種企業組織的結構，企業業主個人對於此企業的債務責任以他們對此企業的投資金額為上限。

macroeconomics 總體經濟學 研究總體經濟，檢視通貨膨脹、利率、失業率、成長率之類因素之間的關係。

markets 市場 一個市場是任何形式的環境（可能是實體環境或虛擬環境），買方與賣

方在此環境中互動，交易商品、服務與金錢。

microeconomics 個體經濟學　研究個人、家計單位及廠商如何做出經濟決策，尤其是經濟決策者在市場上如何互動。

monetarism 貨幣主義　認為穩定經濟的主要機制應該是控管及穩定經濟體系中流通的貨幣數量（或其成長率）。

monetary policy 貨幣政策　貨幣當局（通常是中央銀行）控管經濟體系中的貨幣數量及其成長率的過程。中央銀行通常透過控制短期利率水準及（或）透過購買或出售政府債券來達成。

money 貨幣　一個經濟體中的官方發行流通的交易媒介；貨幣也可作為一種帳務單位及價值的儲存。

monopoly 壟斷／獨占　單一一個經濟行為者（通常是一家公司）掌控一項特定財貨或服務的所有或近乎所有供給，因而能夠訂定價格而不需擔心另一個供給者將索取較低價格的情形。獨買／買方獨占（monopony 或 monoposy）是較不常見的情形，指只有一個買方，而非只有一個賣方。

opportunity cost 機會成本　使用一項資源於一個特定用途而放棄次佳用途的價值。

profit 獲利　一個人或企業銷售財貨或服務獲得的金額減去用於生產它們的花費（包括任何的勞工薪資、稅、貸款利息以及任何其他費用）後的盈餘。

property 財產　一個人或經濟實體合法擁有的任何東西。財產也可以由一群人共同持有，或是由國家擁有。財產所有人的權利由國家定義與保障。

recession 衰退期　經濟縮減的期間。一個衰退期通常（但非總是）被定義為連續負成長的兩季。

share 股份　一項金融資產——通常是一家有限公司或法人——的所有權的一個單位。股份通常賦予所有權人取得公司的獲利或股息的一部分份額的權利，以及指派管理階層的發言權。

stagflation 停滯性通膨　指一個經濟體同時出現失業率升高及高通膨率的狀態；這是1970年代西方經濟體的一個特徵。

stagnation 停滯　持續低成長的期間。「長期停滯」（secular stagnation）指一段很長的期間中，廣泛的經濟力量或趨勢使得政府政策難以或不可能產生持續成長。

surplus value 剩餘價值　馬克思主義在分析中使用的一個概念，指勞工生產出來的財貨或服務價值與他們獲得的薪資之間的差額。

unemployment 失業　一個勞工若想工作、但無法找到合適的工作，他（她）就是失業。並非所有未受雇者都是失業，例如，因為家庭原因或因為無能力而不找工作的人，不是失業，他們被稱為「非經濟活動者」（economically inactive）。

一本書讀懂資本主義

作者	喬納森・波特斯 Jonathan Portes
譯者	李芳齡
商周集團執行長	郭奕伶
商業周刊出版部	
責任編輯	林雲
封面構成／完稿	David
內文排版	林婕瀅
校對	呂佳真
出版發行	城邦文化事業股份有限公司 商業周刊
地址	115020 台北市南港區昆陽街16號6樓
	電話：(02)2505-6789　傳真：(02)2503-6399
讀者服務專線	(02)2510-8888
商周集團網站服務信箱	mailbox@bwnet.com.tw
劃撥帳號	50003033
戶名	英屬蓋曼群島商家庭傳媒股份有限公司城邦分公司
網站	www.businessweekly.com.tw
香港發行所	城邦（香港）出版集團有限公司
	香港灣仔駱克道193號東超商業中心1樓
	電話: (852)2508-6231 傳真: (852)2578-9337
	E-mail：hkcite@biznetvigator.com
製版印刷	中原造像股份有限公司
總經銷	聯合發行股份有限公司 電話：(02)2917-8022
初版1刷	2022年10月
初版4刷	2024年 8 月
定價	380元
ISBN	978-626-7099-88-9（平裝）
EISBN	9786267099902（EPUB）／9786267099896（PDF）

50 CAPITALISM IDEAS YOU REALLY NEED TO KNOW © 2016 by Jonathan Portes
Complex Chinese translation copyright © 2022 by Business Weekly, a Division of Cite Publishing Ltd.
Published by arrangement with Quercus Editions Limited, through The Grayhawk Agency
ALL RIGHTS RESERVED

國家圖書館出版品預行編目(CIP)資料

一本書讀懂資本主義 / 喬納森・波特斯(Jonathan Portes) 著；
李芳齡譯. -- 初版. -- 臺北市：城邦文化事業股份有限公司商
業周刊, 2022.10
　　面；　　公分
譯自：50 capitalism ideas you really need to know.
ISBN 978-626-7099-88-9(平裝)

1.CST: 資本主義

550.187　　　　　　　　　　　　　111015121

藍學堂

學習 · 奇趣 · 輕鬆讀